UN GRAND
week-end

PARIS

Le pont des Arts

Muse mythique, haut lieu de la mode, théâtre de l'histoire, Paris ne cesse de surprendre. Respectueuse et pédagogue quand elle présente son passé, la ville se fait audacieuse dès que souffle l'air du temps. Laboratoire de tendances, elle teste, acclame et évolue en permanence. Quand la nuit vient, la belle de jour se pare de lumières et se déhanche, pour séduire esthètes et noctambules. Lieux incontournables aussi bien qu'insolites, expositions majeures, boutiques en vogue ou bars confidentiels... le guide *Un Grand Week-end* vous donne les codes pour vous créer de beaux souvenirs au détour des rues parisiennes.

Quai des Orfèvres

Journaliste et auteure de guides de voyage, Céline Fion ne manque pas une occasion de flâner dans les rues de Paris à la recherche de ses nouveaux endroits branchés et de ses coins secrets. Elle nous confie ici ses adresses coup de cœur, ses bons plans et les meilleures expériences à vivre dans la capitale !

Notre photographe, Jérôme Plon, est à la fois réalisateur, photographe de plateau pour le cinéma et de reportage pour la collection *Un Grand Week-end*. De ponts en passages parisiens, de musées en jardins, il s'est attaché à capturer les moments de vie qui rythment Paris, ville dans laquelle il réside.

Un Grand Week-End sur les réseaux sociaux

Suivez-nous sur *Facebook*, *Twitter* et *Instagram* **@Ungrandweekend**

Vous y trouverez nos photos coups de cœur, nos expériences uniques et surtout une réponse personnalisée à toutes vos questions.

Et si vous y contribuiez ? Nous aimons beaucoup voir nos guides en voyage : postez une photo de votre guide en situation et taguez-nous, nous partagerons les plus belles photos et récompenserons régulièrement les plus appréciées.

Les incontournables DE PARIS

LE LOUVRE ET LES TUILERIES

L'ancien palais royal est l'un des plus grands musées du monde avec ses quelque 60 000 m² et 460 000 œuvres. Sa pyramide de verre, résolument contemporaine, illumine la cour Napoléon et intrigue... surtout lorsqu'on découvre sa jumelle, la pyramide inversée ! Le jardin des Tuileries, signé André Le Nôtre, sert d'écrin à l'ensemble. Voir p. 24.

LE JARDIN DU LUXEMBOURG

La beauté de ce jardin, dit « Luco », se renouvelle au fil des saisons. Il abrite le palais du Luxembourg, siège du Sénat, qui lui confère une vraie noblesse. En sortant, on tombe sur la rue Soufflot qui mène au Panthéon, majestueux. Voir p. 61.

LE MUSÉE D'ORSAY

Faire d'une gare un musée : quelle innovation ! Peintures, sculptures et photographies de la seconde moitié du XIXe s. sont exposées dans ce décor grandiose. Le musée rassemble surtout la plus grande collection d'œuvres impressionnistes et postimpressionnistes au monde.

Voir p. 66.

LA BASILIQUE DU SACRÉ-CŒUR ET MONTMARTRE

Située au sommet de la butte Montmartre (« mont des Martyrs »), la basilique s'expose à tout Paris... et révèle aussi toute la ville depuis son esplanade ! Elle se mérite : 222 marches à gravir avant d'en pousser les portes et d'y admirer la superbe mosaïque du Christ au cœur rayonnant.

Voir p. 90.

LA CATHÉDRALE NOTRE-DAME

Bien sûr, l'incendie de 2019 a compromis l'accès à l'intérieur de Notre-Dame, mais ce n'est pas une raison pour ne pas aller admirer cette icône gothique. Elle impressionne toujours autant avec ses robustes tours et ses élégantes rosaces ciselées.

Voir p. 44.

LA TOUR EIFFEL

Vous pourriez croire la Dame de fer cliché, tant ce symbole parisien est démultiplié sur toutes sortes de gadgets. Mais grimper les 745 marches qui mènent au 2e étage vous offrira une vue à couper le souffle... si toutefois il vous en reste un peu ! Voir p. 70.

L'ARC DE TRIOMPHE ET LES CHAMPS-ÉLYSÉES

Voulu par Napoléon Ier, l'Arc de triomphe de l'Étoile se situe à l'extrémité des Champs-Élysées, l'une des plus belles avenues de la capitale – s'il est encore besoin de la présenter –, lieu de déambulation et de shopping. Voir p. 78.

LES QUAIS DE SEINE

La Seine est un « monument » parisien ! Bordant certains des lieux les plus emblématiques, elle offre une balade unique où se mêlent vues de rêve, ponts élégants et aménagements récents. Prenez le temps de vous y poser, pour un apéro ou un pique-nique. Voir p. 38, 47.

LE MUSÉE DU QUAI BRANLY - JACQUES CHIRAC

Afrique, Amérique, Asie, Océanie : les civilisations non occidentales ont leur musée d'exception ! Idéalement posé face à la Seine, son architecture invite au voyage entre mur végétalisé, jardin buissonnant et bâtiment évoquant des cabanes empilées. Voir p. 75.

LA PLACE DES VOSGES ET LE MARAIS

Bordée d'arcades et de feuillages, cette place, la plus ancienne de la capitale, est le joyau du quartier du Marais. On imagine les nombreux écrivains ou peintres qui y vécurent ouvrir leurs fenêtres pour s'imprégner de son atmosphère. Voir p. 34.

LE CENTRE GEORGES-POMPIDOU

Véritable ovni architectural conçu par Renzo Piano et Richard Rogers, le centre est entièrement voué à la création moderne et contemporaine, dans laquelle les arts plastiques se mêlent aux livres, au design, à la musique et au cinéma. Voir p. 31.

LE CHÂTEAU DE VERSAILLES

La résidence des rois de France jusqu'à la Révolution témoigne de la toute-puissance du Roi-Soleil et du faste de sa cour. N'hésitez pas à venir en soirée : les jardins, le Grand Canal et les bassins s'illuminent au son de spectacles qui émerveillent. Voir p. 120.

10 expériences UNIQUES

REMONTER LE TEMPS DANS LES PASSAGES

Une expérience très parisienne, car c'est aux abords du Palais-Royal qu'est née l'idée d'ériger des passages couverts dans lesquels on peut déambuler et faire du shopping (p. 88). Un luxe dont s'enticha ensuite toute l'Europe !

TOMBER NEZ À NEZ AVEC UN DINOSAURE

Les impressionnantes galeries du Muséum national d'Histoire naturelle exposent des squelettes de dinosaures mais aussi de dodos et de mammifères divers. (p. 55).

PLONGER DANS DES MONET À 360°

Deux rotondes de l'Orangerie sont transformées en jardin impressionniste poétique grâce à l'accrochage, circulaire, d'œuvres monumentales de Monet issues du cycle *Les Nymphéas* (p. 28).

ASSISTER À UNE VENTE AUX ENCHÈRES...

... à l'hôtel Drouot, lieu emblématique du marché de l'art et du paysage parisien. Les ventes sont gratuites et ouvertes à tous (*☎ 01 48 00 20 20, www.drouot.com ; p. 87*).

DESCENDRE DANS LES ENTRAILLES DE PARIS…

… à plus de 20 m de profondeur en visitant les catacombes. Sur un parcours de 1,5 km s'entassent des millions d'ossements de cimetières parisiens, déplacés ici il y a plus de 200 ans ! (p. 117).

VISITER UN MUSÉE DE STREET ART…

… flottant ! Amarré face au Grand Palais, ce lieu de vie en accès libre est dédié à l'art urbain et mêle galerie d'exposition, librairie spécialisée et bar avec vue *(Fluctuart, 2, port du Gros-Caillou, 75007 Paris, https://fluctuart.fr)*.

PRENDRE LE GOÛTER DANS UN PALACE

Grâce aux comptoirs pâtissiers, le luxe est à portée de fourchette. Testez par exemple celui du Mandarin Oriental, installé dans la rue du saint patron des pâtissiers *(Cake Shop, 251, rue Saint-Honoré, ☎ 01 70 98 74 00, t. l. j. 11h-19h ; dessert à emporter : 8 €)*.

ADMIRER PARIS DEPUIS LES AIRS...

... au parc André-Citroën, en s'envolant à bord d'un ballon jusqu'à 150 m d'altitude *(Ballon de Paris Generali, ☎ 01 44 26 20 00, www.ballondeparis.com, 15 €).*

S'OFFRIR UN SPECTACLE INOUBLIABLE

Passez la soirée à l'Opéra Garnier (p. 81) ou acclamez la troupe de Molière à la Comédie Française (p. 162). Soirée mémorable garantie, entre programmation culturelle de premier plan et lieu chargé d'histoire.

SUIVRE UN PARCOURS VIP AU PÈRE LACHAISE

Honoré de Balzac, Molière, Marcel Proust, Alain Bashung, Jim Morrison, Oscar Wilde ou encore Édith Piaf ; longez la dernière demeure de centaines de personnalités dans l'un des plus beaux cimetières du monde. Voir p. 102.

Activités
100 % LOCALES

PÉTANQUE PARISIENNE

Il n'est pas rare de croiser des boulistes à Paris, notamment aux arènes de Lutèce (**p. 54**), dans le jardin du Luxembourg (**p. 61**) ou sur la place Dauphine (**p. 46**). Au bar Ourcq (**p. 177**), les boules sont même mises à disposition !

JEU DE PISTE EN FAMILLE DANS LA VILLE

Vous pouvez tenter de résoudre les réjouissantes énigmes de notre guide *Un Grand Week-End Jeux de piste et énigmes à Paris (8,95 €)* ou rejoindre les enquêtes géantes proposées par Qui veut pister Paris *(www.quiveutpisterparis.com, 2h30, 14 €)*.

BALADE SUR LES RAILS

La Petite Ceinture est le nom d'un axe ferroviaire historique, qui faisait le tour de la capitale. Portion par portion, la mairie le transforme en terrain de promenade et d'activités citoyennes. Pour connaître les différents accès : *www.petiteceinture.org*

PÂTISSERIES DE CHEF

Choux, macarons, saint-honoré, opéra ou encore viennoiseries... L'*Appart Gourmand* a une palette de cours (dès 60 €) pour apprendre « comme à la maison » à reproduire les classiques parisiens chez soi *(95, rue Réaumur, 75002 ; www.appartgourmand.com).*

ROLLER DANS LES RUES DE PARIS

Le vendredi, prenez gratuitement part à la rando-roller qui s'élance de Montparnasse à 21h30. Location de patins possible chez le partenaire de la randonnée, Nomadeshop *(www.nomadeshop.com)* ; trottinettes électriques bienvenues. *www.pari-roller.com.*

SE LA COULER DOUCE

Marin d'eau douce loue des bateaux électriques sans permis, pour apprécier le charme de Paris à fleur d'eau, en remontant le canal de l'Ourcq depuis sa base installée au bassin de la Villette. Location à partir de 40 €/h (bateau de 5 pers.). Possibilité de réserver un panier apéro pour plus de farniente (7 €/pers.). Résa. : ☎ 09 70 71 40 60, www.marindeaudouce.fr, t. l. j. 9h30-22h.

Un grand week-end SUR MESURE

Première fois à Paris ?

Nous avons découpé la ville en 21 quartiers et proposons une escapade à Versailles. Évidemment, en trois jours, vous ne pourrez pas faire toutes ces balades. Alors suivez notre programme pour voir l'essentiel et prendre le pouls de la ville, et à vous de voir si vous voulez remplacer telle visite par une autre en fonction de vos centres d'intérêt...

PREMIER JOUR

➡ Saluez la Seine dès votre arrivée sur l'île de la Cité (quartier 5), et surveillez l'avancement de la reconstruction de Notre-Dame, avant d'aller admirer les hôtels particuliers de l'île Saint-Louis et de Saint-Paul (quartier 4). Dirigez-vous vers la place des Vosges, l'une des plus belles de la ville, puis humez la tendance dans le Marais (quartier 3).

➡ Rejoignez l'ancien ventre de Paris, les Halles (quartier 2), pour déjeuner sur le pouce.

Jardin des Tuileries

➡ Si vous êtes d'humeur art contemporain, visitez le centre Pompidou, sinon traversez le fleuve pour rejoindre Saint-Germain et ses cafés littéraires, avant de poursuivre vers le jardin du Luxembourg (quartier 8) ou le Panthéon (quartier 7).

➡ En soirée, testez les restaurants et bars de Bastille (quartier 18).

DEUXIÈME JOUR

➡ Offrez-vous la perspective de l'axe historique en débutant la journée au pied de la pyramide du Louvre. Embarras du choix niveau musées entre le Louvre bien sûr, mais aussi la plus intime Orangerie, le musée d'Orsay, sur l'autre rive (quartier 9), ou l'exposition en cours au Grand Palais.

➡ Faites une pause au jardin des Tuileries ou dans l'un des jolis cafés de musée de la zone (voir p. 157).

➡ Remontez les Champs-Élysées jusqu'à l'Arc de triomphe

Pont des Arts

(quartier 11) avant de bifurquer vers le Trocadéro et la tour Eiffel ou rejoignez la Dame de fer par les quais, avec une pause au musée du quai Branly (quartier 10) ou aux Invalides (quartier 9).

➥ Embarquez pour un dîner croisière sur la Seine (p. 142) ou piochez dans nos propositions bistronomiques (p. 139).

TROISIÈME JOUR

➥ Option mélomane ou shopping dans le quartier 12, avec la visite de l'Opéra Garnier ou des grands magasins, tout proches. Poursuivez ensuite sur les Grands Boulevards d'Haussmann et débusquez un maximum de passages couverts, typiquement parisiens (quartier 13).

➥ Déjeunez dans l'un des restaurants qui s'y cachent.

➥ Revigoré, entamez l'ascension de la butte Montmartre avant de flâner dans les rues du quartier et de redescendre jusqu'à Pigalle et au Moulin Rouge (quartier 14).

➥ Passez la soirée dans le quartier ou filez sur les bords du canal Saint-Martin et les effervescents alentours d'Oberkampf (quartier 17).

NOS CONSEILS DE VISITE

➥ La ville se vit autant qu'elle se visite. La découverte du Louvre pourrait vous occuper tout un week-end ! Ne courez pas d'un lieu à l'autre et prenez le temps de savourer une vue en bord de Seine, d'observer l'animation d'une terrasse ou simplement de vous perdre dans des détours.

Déjà venu ?

Vous connaissez déjà les incontournables de Paris ? Nous vous invitons à explorer les quartiers auxquels on ne pense pas lors d'une première visite ou qui sont un peu plus excentrés.

Parc de Belleville

BELLEVILLE ET LA VILLETTE
(QUARTIERS 15 ET 16)

Avec ses ateliers d'artistes, ses cantines asiatiques, ses rues ouvertes au street art et ses bars de quartier, Belleville conserve sur les flancs de sa butte un esprit « village ». Un peu plus au sud se trouve le Père-Lachaise, lieu bucolique abritant le dernier repos de nombreuses célébrités. Vers le nord s'étend le vallonné parc des Buttes-Chaumont et son ambiance bourgeoise-bohème, ainsi que le site de La Villette, qui mêle découverte scientifique en famille et institution musicale, ainsi que pelouses et bassins propices à la détente.

LE BOIS DE BOULOGNE
(QUARTIER 21)

Curieux bois que celui-ci. S'y rencontrent un navire signé Frank Gehry et des canoteurs du dimanche ; des roses primées et des nymphéas de maître ; des chevaux de bois et des paons affectueux. Accessible en métro, ce grand espace vert de l'Ouest parisien attire une foule hétéroclite allant de la famille au passionné d'art contemporain, puisqu'il accueille à la fois la Fondation Louis Vuitton, un agréable parc d'attractions, de superbes jardins et qu'il est bordé par le musée Marmottan Monet.

VERSAILLES (VISITE 22)

« Ce n'est pas un palais, c'est une ville entière. Superbe en sa grandeur, superbe en sa matière », dit un jour Charles Perrault en parlant de Versailles. Consacrez-lui une journée complète, le domaine entier mérite que l'on s'aventure à sa rencontre. Par-delà le lustre de la galerie des Glaces, le décor bucolique du hameau de la Reine ou la magie des Grandes Eaux, ce sont les intrigues de cours, amours interdites et prémices de la Révolution qui se lisent dans les pierres et bosquets de Versailles.

Parc de Bagatelle, bois de Boulogne

Château de Versailles

Fêtes & FESTIVALS

Février

Nouvel An chinois

C'est la fête la plus importante pour les communautés chinoises. Cette manifestation se déroule dans le 13e arrondissement, entre la porte de Choisy et le boulevard Masséna.
www.chine.in

Mars

Printemps des poètes

Cet événement a pour objectif de susciter des actions originales (atelier de diction, slam de poésie, etc.) afin que la poésie soit accessible à tous.
www.printempsdespoetes.com

Livre Paris

Tous les plus grands éditeurs sont réunis porte de Versailles pendant quelques jours. Chaque année, un pays invité.
www.livreparis.com

Avril

Marathon de Paris

L'un des marathons les plus courus au monde… Même si on ne participe pas, il faut y aller pour l'ambiance.
www.schneiderelectricparismarathon.com

Mai

Nuit des musées

Vous avez jusqu'à minuit pour découvrir les plus grandes collections d'art ou visiter les musées les plus méconnus de la Ville Lumière.
www.nuitdesmusees.culturecommunication.gouv.fr

Juin

We Love Green

Un festival de musique d'un nouveau genre, qui se déroule dans le bois de Vincennes. Programmation musicale pointue et démarche écoresponsable engagée.
www.welovegreen.fr

Gay Pride

La « Marche des fiertés » s'attache à favoriser la diversité sexuelle, culturelle ou encore générationnelle. Le défilé part de Montparnasse et s'achève à la Bastille.
www.gaypride.fr

Fête de la Musique

Depuis ses débuts en 1981, la fête de la Musique a pris de plus en plus d'ampleur. Paris célèbre l'été à grand renfort de concerts éclectiques.
www.fetedelamusique.culturecommunication.gouv.fr

Solidays

Ce festival musical a été créé en 1999 par l'association Solidarité Sida pour financer la lutte contre cette maladie. Il rassemble pendant trois jours plusieurs milliers de visiteurs et des artistes internationaux.
www.solidays.org

Juillet

Fête nationale

Le 14, commencez la journée par un défilé militaire, sur les Champs-Élysées. À la tombée de la nuit, assistez à un superbe feu d'artifice ! Enfin, terminez la soirée en dansant au bal des pompiers (un certain nombre de bals a lieu le 13 au soir).
www.paris.fr

Paris Plages

Entre mi-juillet et mi-août, les berges de la Seine, la place de l'Hôtel-de-Ville et le bassin de la Villette sont envahis par des milliers de badauds venus profiter des activités sportives, des plages de sable, d'une piscine ou

des nombreux concerts.
www.parisinfo.com/decouvrir-paris/les-grands-rendez-vous/Paris-Plages

Paris L'Été

Des compagnies du monde entier sont invitées dans divers lieux de la capitale et de sa banlieue. Danse, musique, théâtre, cirque et contes sont au menu.
www.parislete.fr

Août

Rock en Seine

Finissez l'été sur une note rock : trois scènes, une programmation sur trois jours et la venue des plus grands artistes mondiaux.
www.rockenseine.com

Fête hindoue de Ganesh

Cette manifestation se déroule fin août-début septembre dans les rues du 18e arrondissement. Revêtez votre sari et partez au cœur de l'Inde.
www.templeganesh.fr/fetegan

Septembre

Journées du patrimoine

C'est LE rendez-vous culturel de la mi-septembre ! Venez (re)découvrir l'exceptionnelle richesse du patrimoine de la capitale française, qu'il soit littéraire, pictural, religieux, militaire, botanique ou maritime.
www.journeesdupatrimoine.culturecommunication.gouv.fr

Fête des Jardins de Paris

Amoureux de la nature, profitez de cette journée pour flâner dans les célèbres jardins de la ville ou pour surprendre, au détour d'une rue, un charmant parc en fleurs...
https://quefaire.paris.fr

Octobre

Nuit Blanche

Suivez, jusqu'au petit matin, un itinéraire artistique dévolu à l'art contemporain. Découvrez aussi des concerts de sons et d'images étonnants, ou assistez à des projections de films en trois dimensions.
https://quefaire.paris.fr/nuitblanche

FIAC

La Foire internationale d'art contemporain vous ouvre ses portes tous les ans au mois d'octobre. Les plus grandes œuvres d'art contemporain et de design sont exposées dans des sites magiques de la capitale.
www.fiac.com

Salon du chocolat

Une longue histoire d'amour et de gourmandise unit la France et le chocolat. Ne manquez pas les expositions de pièces artistiques et l'incontournable défilé de robes en chocolat !
www.salonduchocolat.fr

Novembre

Mois de la photo

Pour une plongée inoubliable dans le monde de la photo, de ses origines à nos jours.
www.parisphoto.com

Décembre

Période de Noël

Pendant plus d'un mois, Paris participe à la magie du moment et se pare de ses plus beaux bijoux : guirlandes scintillantes, sapins enneigés...
Les vitrines des grands magasins sont revêtues de décors féeriques animés...

Versailles

Les Grandes Eaux

D'avril à octobre, venez admirer le spectacle des fontaines sur fond d'installations sonores. En nocturne les soirs d'été de juin à septembre, 2h30 de balades enchantées vous attendent, avec pour bouquet final un feu d'artifice.
www.chateauversailles-spectacles.fr/les-grandes-eaux-nocturnes

Visites

PAR QUARTIER

Tour Eiffel, depuis le Trocadéro

À SAVOIR

INFOS COVID-19

Toutes les informations de ce guide ont été scrupuleusement actualisées. Néanmoins, compte tenu du contexte sanitaire, de nombreux sites sont amenés à restreindre leurs horaires d'ouverture, parfois à fermer l'accès à certaines salles ou à suspendre provisoirement démonstrations ou activités. Les consignes évoluent régulièrement. Nous vous recommandons de vérifier les horaires et conditions de visite de chaque lieu et adresse sur leur site internet ou leur page Facebook. Par ailleurs, de nombreux musées demandent de réserver la visite.

VISITER PARIS

Nous avons découpé la ville en **21 quartiers** que vous pourrez pour la plupart visiter à pied. Pour vous rendre d'un quartier à l'autre, le moyen de transport le plus simple reste le métro. Nous vous conseillons de prendre des tickets valables 1 ou 5 jours, selon la durée de votre séjour et le nombre de déplacements que vous souhaiterez effectuer (voir p. 218).

LIRE LES CARTES

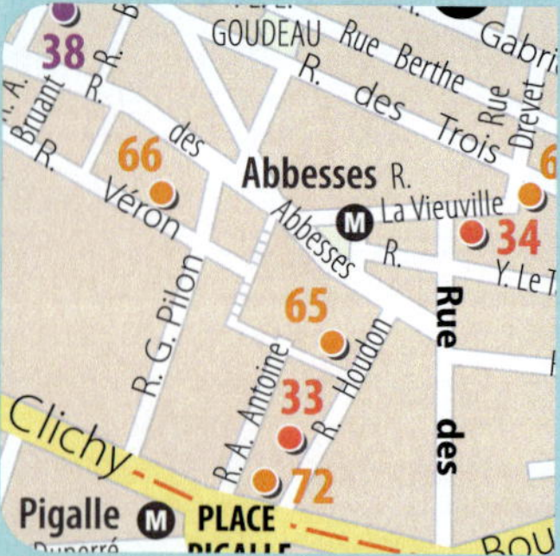

➜ Chaque visite est accompagnée d'un plan détaillé sur lequel nous avons placé tous les **points d'intérêt** du quartier.

➜ Les **pastilles de couleur** indiquent nos bonnes adresses de **restos,** de **bars** et de **boutiques.**

➜ Le numéro de la pastille colorée correspond à celui attribué à chacune des adresses. Reportez-vous au chapitre concerné pour lire la notice de l'établissement.

Vue sur Paris

SE DÉPLACER

À pied, vous découvrirez Paris le nez au vent. Les 6 premiers arrondissements se prêtent parfaitement à la marche, tout comme Montmartre.

Les vélos (et les pistes cyclables) ont proliféré depuis l'arrivée des Vélib'. Si vous débutez, limitez-vous aux quais de Seine aménagés.

En bus, vous traverserez la capitale en en prenant plein les yeux. Seul bémol, les embouteillages, assez fréquents.

Le métro est le moyen de transport le plus efficace dans la capitale. Essayez toutefois d'éviter les heures de pointe !

En taxi ou VTC, on rejoint une destination lointaine en toute sérénité. À privilégier la nuit, quand le trafic est fluide.

RÉSERVATIONS ET COUPE-FILES

⚠ **Réservez vos visites à l'avance,** vous serez sûr de pouvoir entrer et éviterez de longues files d'attente. Certains musées proposent des **billets combinés** avec d'autres monuments à prix avantageux. Profitez-en !

Conseil : évitez de visiter les musées les plus fréquentés durant le week-end.

PARIS GRATUIT

→ Les **musées nationaux** (excepté Le Louvre) sont gratuits pour tous le 1er dimanche de chaque mois. Également une gratuité pour les résidents de l'Union européenne de moins de 26 ans et pour tous les jeunes âgés de moins de 18 ans. Dans les **musées de la Ville de Paris,** la visite des collections permanentes est gratuite, mais l'entrée dans les expositions temporaires payante.

1 Le Louvre, les Tuileries ET LE PALAIS-ROYAL

● Restos & bistrots p. 128 ● Bars, clubs & sorties p. 162 ● Boutiques p. 192

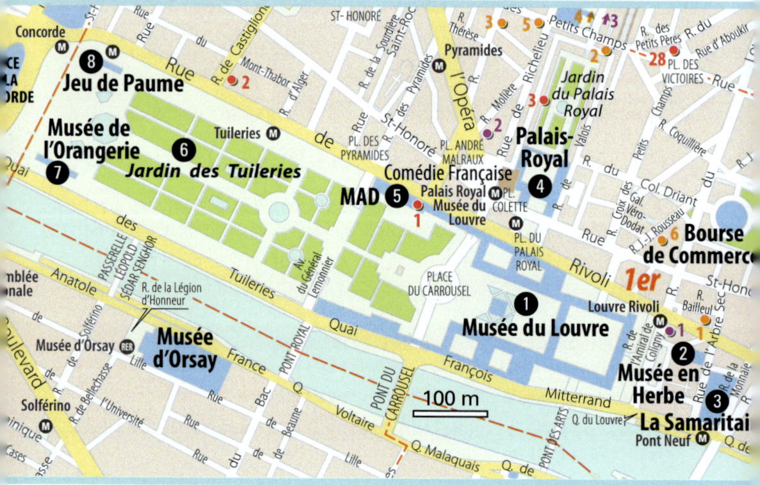

Depuis l'esplanade du Louvre s'ouvre la sublime perspective de « l'axe historique », qui se déploie par-delà l'iconique jardin des Tuileries pour courir jusqu'à la Défense. *La Joconde* n'en finit plus de sourire dans cet ancien cœur du pouvoir royal devenu temple des arts. Dans le quartier, la modernité répond aux œuvres millénaires entre la pyramide de verre signée Ming Pei et les colonnes de Buren, qui rythment la cour du Palais-Royal.

1 LE MUSÉE DU LOUVRE★★★

L'histoire du Louvre débute en 1190 lors de la construction par le roi Philippe Auguste d'une forteresse destinée à protéger Paris. Palais des rois de France, le Louvre s'est vu transformé en musée à la Révolution. En 1793, le Muséum central des arts ouvre ses portes et, en 1989, la pyramide de verre et de métal est inaugurée. Œuvre de l'architecte

Ieoh Ming Pei, elle trône au centre de la cour Napoléon, entourée de trois répliques plus petites et d'une pyramide inversée, construite sous le Carrousel du Louvre. C'est aujourd'hui un monument emblématique de Paris, mais, à l'époque, son design ultramoderne était, pour certains, trop en rupture avec les bâtiments historiques qui l'entourent. Le Louvre est constitué de dix départements et présente 35 000 œuvres dans 73 000 m^2 : une semaine suffirait à peine pour faire le tour de ce musée qui se classe parmi les plus vastes au monde ! C'est aussi le point de départ de l'« axe historique » : elle traverse l'arc du Carrousel, les Tuileries, les Champs-Élysées, l'Arc de triomphe et même la Grande Arche (à la Défense). Pas moins de 10 km de long...

Les antiquités orientales, égyptiennes, grecques, étrusques et romaines

Les antiquités orientales concernent les pays du Proche et du Moyen-Orient, depuis les premiers villages (il y a plus de 7 000 ans) jusqu'à l'arrivée de l'islam. L'Égypte est abordée de façon thématique et chronologique. L'art grec est représenté par la *Victoire de Samothrace* et la *Vénus de Milo* (salle 16, escalier Daru), l'art étrusque par le *Sarcophage des Époux* (salle 18), et l'art romain par de belles mosaïques.

Musée du Louvre

Musée du Louvre

Les objets d'art

La galerie d'Apollon (salle 705) arbore un magnifique plafond décoré au fil des siècles par de nombreux artistes, de Le Brun à Delacroix. Elle abrite depuis le XIXe s. une partie des diamants de la Couronne, un trésor unique. D'autres objets d'art sont présentés au 1er étage des ailes Richelieu (salles 2, 10, 83, 84 et 87) et Sully (salle 42).

La sculpture

De l'art roman aux œuvres monumentales du XIXe s., toute la sculpture européenne est représentée au Louvre, avec le tombeau de Philippe Pot (salle 210), l'*Esclave mourant* de Michel-Ange (salle 4), le *Milon de Crotone* de Puget et les *Chevaux de Marly*, dans la cour Puget.

La peinture

Ce département très vaste et encyclopédique regroupe des œuvres de toutes les écoles de peinture européennes du XIIIe s. à 1848. Dans la Grande Galerie, la peinture italienne avec les primitifs et la salle 711, où se trouve *La Joconde*. Au bout, dans le pavillon de Flore, les peintures espagnole et italienne avec Murillo, le Caravage. Au 2e étage, la peinture française avec des œuvres

Pause brunch et plus : Claus

Cette « épicerie du petit déjeuner » sait enchanter les débuts de journée avec muesli, *scones* et viennoiseries rivalisant de beurre et de saveurs. La maison emprunte autant au *Frühstück* allemand qu'au brunch parisien pour prosposer des formules copieuses et chic (dès 17,50 €) qui débordent largement du créneau matinal avec plats chauds au déjeuner, pâtisseries à l'heure du thé et sandwichs à emporter (6,50 € env.) pour un éventuel pique-nique royal dans le jardin des Tuileries.

● 6 • 14, rue Jean-Jacques-Rousseau, 75001 • ☎ 01 42 33 55 10 • www.clausparis.com • Lun.-ven. 8h-17h, sam.-dim. 9h30-17h.

de La Tour (*Le Tricheur à l'as de carreau*, salle 912), de Watteau (*Le Pierrot*, salle 36), d'Ingres (*Le Bain turc*, salle 940), mais aussi la peinture des écoles du Nord.
Quai François-Mitterrand et rue de Rivoli, 75001 • ☎ 01 40 20 53 17 • www.louvre.fr • Mer.-lun. 9h-18h (21h45 mer. et ven.) ; f. 1er janv., 1er mai et 25 déc. • Entrée collections permanentes : 17 € (gratuit 1er sam. de chaque mois 18h-21h45 et 14 juil.).

❷ LE MUSÉE EN HERBE*

La curiosité pour l'art n'a pas d'âge minimum. Sans être réservé aux enfants, ce musée est ouvert à un public dès 2 ans et demi. Au fil de grandes expositions, le visiteur est fait acteur d'une thématique qu'il découvre par le jeu et l'humour. 2020 sera, par exemple, l'occasion d'explorer l'univers des insectes et de leurs représentations. Optez pour une découverte libre ou maximisez l'effet avec les ateliers et visites commentées (en anticipant la réservation, car les places sont prisées).
23, rue de l'Arbre-Sec, 75001 • ☎ 01 40 67 97 66 • www.musee-en-herbe.com • T. l. j. 10h-19h (21h le jeu.) • Entrée : visite simple 6 € ; divers passes ateliers ou visites commentées.

❸ LA SAMARITAINE*

En partant d'une modeste boutique inaugurée en 1870 face au Pont-Neuf, Ernest Cognac et Marie-Louise Jaÿ bâtirent un gigantesque temple du shopping. Frantz Jourdain imagina le premier bâtiment dans un style Art nouveau ; lors de l'extension, Henri Sauvage apporta une touche Art déco. Dernier ajout, une façade en verre ondulé signée par l'agence Sanaa et apposée en 2019, lors du colossal chantier de rénovation. La réouverture des lieux (fermés depuis 2005) est prévue pour 2021. Plus qu'un grand magasin, le lieu abritera également un hôtel de luxe, une crèche, des logements...
12, rue de la Monnaie, 75001 • lasamaritaine.fr

❹ LE PALAIS-ROYAL***

En 1624, Richelieu construisit ce magnifique hôtel couplé à un grand théâtre ; l'ensemble prit le nom de « Palais-Royal » quand Anne d'Autriche, devenue régente, s'y installa avec ses enfants. Sous Louis XIV, Monsieur, le frère du roi, y organisa ses célèbres « soupers » libertins. Quand Philippe d'Orléans y habita vers 1760, il fit construire, afin d'augmenter ses revenus, des immeubles de rapport sur les trois côtés du jardin avec, sous les arcades, des boutiques qu'il mit aussi en location.

Les colonnes de Buren

En 1986, le ministère de la Culture confie à Daniel Buren la réalisation d'une œuvre d'art dans la cour d'honneur du Palais-Royal : *Les Deux Plateaux* ou « colonnes de Buren » (260 colonnes rayées en noir et blanc avec des hauteurs différentes). Comme la tour Eiffel en 1889, le centre Pompidou en 1977 ou la pyramide du Louvre en 1989, l'intégration d'une œuvre contemporaine au patrimoine historique provoqua de vives réactions de contestation. Aujourd'hui, c'est une attraction pour petits et grands.

Le jardin du Palais-Royal

Au milieu de plusieurs bâtiments institutionnels (Conseil constitutionnel, ministère de la Culture et de la Communication, Comédie Française, théâtre du Palais-Royal, etc.) se trouve caché le jardin du Palais-Royal. Ses arbres et ses bancs en font un lieu propice au calme et au repos.
Palais-Royal : pl. du Palais-Royal, 75001 • www.domaine-palais-royal.fr Jardin : 6, rue de Montpensier, 75001 • T. l. j. avr.-sep. 8h-22h30, oct.-mars. 8h-20h30.

❺ LE MAD★★★

Le musée des Arts décoratifs et du Design (MAD) possède l'une des principales et des plus belles collections d'arts décoratifs au monde, qui se décline dans des départements chronologiques (du Moyen Âge au monde contemporain) et thématiques (arts graphiques, bijoux, objets peints, etc.). 150 000 œuvres au total, dont près de 6 000 sont exposées dans ce musée.
107, rue de Rivoli, 75001 • ☎ 01 44 55 57 50 • www.madparis.fr • Mar.-dim. 11h-18h (21h jeu. lors des expos temporaires) ; f. 1er janv., 1er mai et 25 déc. • Entrée : 14 €.

❻ LE JARDIN DES TUILERIES★★★

Le plus grand et le plus ancien jardin de Paris était à l'origine occupé par des fabriques de tuiles. Catherine de Médicis y fit construire le palais « des Tuileries », avec son jardin à l'italienne. Un siècle plus tard, en 1664, Le Nôtre le transforma en une longue perspective agrémentée de sculptures qui voisinent aujourd'hui avec des œuvres contemporaines de Max Ernst, Alberto Giacometti ou Henry Moore, et d'un bassin dans lequel les enfants poussent leur bateau à voile.
Entrées : pl. de la Concorde, rue de Rivoli, av. du Général-Lemonnier et passerelle Léopold-Sédar-Senghor, 75001 • Hiver : t. l. j. 7h30-19h30 ; été : t. l. j. 7h-21h (23h juin-août) • Visites guidées gratuites dim. à 15h30 avr.-oct.

❼ LE MUSÉE DE L'ORANGERIE★★

Dans l'ancienne orangerie des Tuileries, ce musée abrite les huit grandes compositions des *Nymphéas* offertes en 1922 par Monet, ainsi que la collection Jean-Walter et Paul-Guillaume qui réunit, entre autres, Cézanne, Renoir, Matisse, Modigliani et Picasso.

Jardin des Tuileries, 75001 • ☎ 01 44 77 80 07 • www.musee-orangerie.fr • Mer.-lun. 9h-18h ; f. 1er mai, 14 juil. matin et 25 déc. • Entrée : 6,50 € • Billet jumelé avec le musée d'Orsay : 18 €.

❽ LE JEU DE PAUME**

On joue à la paume (ancêtre du tennis) dans ce bâtiment créé en 1862 sur le modèle de l'Orangerie voisine. Au début du XXe s., la salle est transformée en galerie d'exposition et annexe du musée du Luxembourg (p. 62). Pendant la Seconde Guerre mondiale, elle servira d'entrepôt et de lieu de transit pour les œuvres d'art spoliées. Elle sera un temps consacrée aux impressionnistes, avant de devenir le lieu de référence pour les expositions de photographie et d'art contemporain que nous connaissons aujourd'hui.

1, pl. de la Concorde, 75008 (accès par le jardin des Tuileries, escalier côté rue de Rivoli) • ☎ 01 47 03 12 50 • www.jeudepaume.org • Mar. 11h-21h, mer.-dim. 11h-19h • Entrée : 10 €.

Jardin des Tuileries

2 Des Halles AU CENTRE POMPIDOU

● Restos & bistrots p. 129 ● Bars, clubs & sorties p. 163 ● Boutiques p. 193

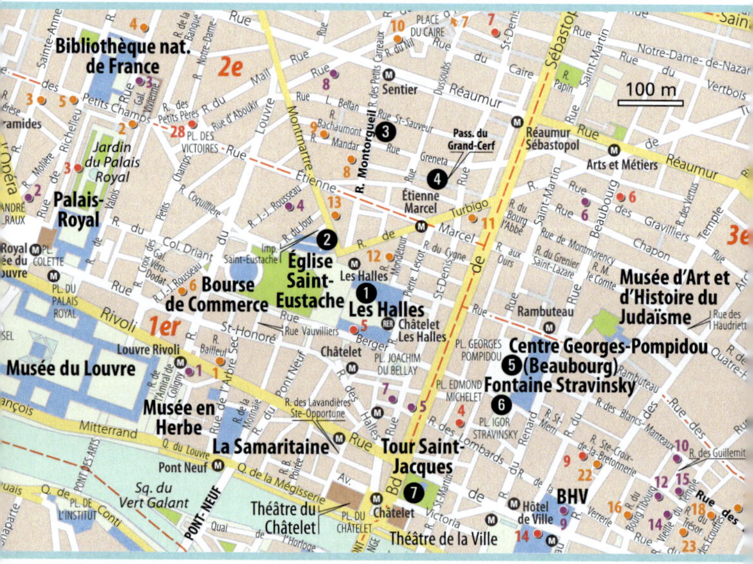

Autrefois les Halles, alias le « ventre de Paris », alimentaient la capitale et vivaient jour et nuit d'une activité laborieuse. Aujourd'hui, le quartier se lève moins tôt, et le Forum des Halles abrite des commerces de mode et non plus de bouche. Un peu plus loin, l'art moderne et contemporain s'expose dans le centre Georges-Pompidou, aux allures d'usine rétrofuturiste.

❶ LES HALLES★★

Le site des Halles a été complètement restructuré : un quartier piéton étendu ; un nouvel édifice inspiré de la nature, **la Canopée**, fait de verre et de métal, conçu par Patrick Berger et Jacques Anziutti ; et un **Forum** plus lumineux, qui abrite toujours de nombreuses boutiques.

Le jardin, qui est complété par une aire de jeux pour les enfants, offre une belle vue sur l'église **Saint-Eustache** et la **Bourse de commerce**, qui accueille désormais la collection Pinault.
101, porte Berger, 75001 • ☎ 01 44 76 87 08 • www.forumdeshalles.com • Lun.-sam. 10h-20h30, dim. 11h-19h. F. 1er mai.

❷ L'ÉGLISE SAINT-EUSTACHE**

Cette église, un des joyaux de la Renaissance, est aussi exceptionnelle par son histoire. On y baptisa Richelieu ; Louis XIV y fit sa première communion ; Colbert et Rameau y eurent leur messe de funérailles ; Berlioz y donna la première de son *Te Deum* ; Liszt, celle de sa *Messe de Gran*. Le grand orgue est l'un des plus tuyautés de Paris. On l'écoute gratuitement tous les dimanches et les jours de fête entre 17h30 et 18h.
2, impasse Saint-Eustache, 75001 • ☎ 01 42 36 31 05 • www.saint-eustache.org • Lun.-ven. 9h30-19h, sam. 10h-19h15, dim. 9h-19h15. Pas de visite pendant les messes lun.-ven. à 12h30 et 18h, sam. à 18h et dim. à 9h30, 11h et 18h.

❸ LA RUE MONTORGUEIL**

Une rue piétonne typiquement parisienne, où tradition et gastronomie se mêlent au fil des étals. On arpente le marché Montorgueil pour remplir son panier ou pour le simple plaisir de la vue et de l'odorat. Parmi nos escales préférées, au n° 51, Stohrer, la plus vieille pâtisserie de Paris (p. 129). Nicolas Stohrer fut le pâtissier de Marie Leszczynska, femme du roi Louis XV, et l'inventeur du baba au rhum, spécialité de la maison avec le puits d'amour. Au n° 78, Au Rocher de Cancale, une ancienne boutique à huîtres, vaut le détour pour ses fresques classées au 1er étage.

❹ LE PASSAGE DU GRAND-CERF**

Datant de 1825 et élégamment rénové en 1988, ce passage se targue d'avoir la plus haute verrière de Paris (11,80 m). Sous ses trois étages caractéristiques et ses 120 m de long, il abrite une trentaine d'espaces de créateurs tendance (principalement bijoux et design) ainsi que des restaurants et même des appartements.
145, rue Saint-Denis et 10, rue Dussoubs, 75002 • www.passagesetgaleries.org • Lun.-sam. 8h30-20h.

❺ LE CENTRE GEORGES-POMPIDOU (BEAUBOURG)***

Georges Pompidou ambitionnait de doter Paris d'un musée d'Art moderne et contemporain.
Le projet retenu, qui fit couler beaucoup d'encre, fut celui de Renzo Piano et de Richard Rogers. Contre vents et marées,

le Centre ouvrit ses portes en 1977. À l'intérieur, le musée offre l'une des plus importantes collections d'art des XXᵉ et XXIᵉ s. au monde (100 000 œuvres), des salles d'expositions temporaires, une bibliothèque, un cinéma, la reconstitution de l'atelier de Brancusi, sculpteur emblématique du XXᵉ s. et, au sommet, le restaurant Georges avec une vue panoramique sur Paris.

Centre Georges-Pompidou

Les collections contemporaines

Le design, l'architecture, la vidéo et l'art graphique ont une place importante dans cet espace consacré à la période allant des années 1960 à nos jours. La visite commence par un hommage au sculpteur Tinguely. À découvrir, le pop art d'Andy Warhol et de Rauschenberg, qui détourne les objets du quotidien et côtoie le nouveau réalisme de César, qui utilise des matériaux de récupération. L'art cinétique, l'Arte povera et la nouvelle peinture figurative complètent l'évolution artistique des quarante dernières années.

Les collections modernes

Le 5ᵉ étage regroupe des œuvres de la première moitié du XXᵉ s. Dans les premières salles, vous découvrirez le fauvisme avec Bonnard (*L'Atelier au mimosa*) et Matisse (*Le Rêve*). À voir ensuite absolument, la fabuleuse collection de sculptures cubistes, la peinture de Braque intitulée *L'Homme à la guitare* ainsi que le *Portrait de jeune fille* de Picasso, qui appartiennent également à ce courant. Le dadaïsme de Duchamp, l'abstraction de Delaunay, Klee avec *En rythme* ou encore Kandinsky nous conduisent jusqu'à l'école de Paris. Le surréalisme de Dalí, avec notamment *Hallucination partielle. Six images de Lénine sur un piano*, nous amène aux années 1950.

Pl. Georges-Pompidou, 75004 • ☎ 01 44 78 12 33 • www.centrepompidou.fr • Mer.-lun. 11h-21h (23h jeu. lors des expos temporaires) ; f. 1er mai • Entrée : 14 €.

❻ LA FONTAINE STRAVINSKY★★

Véritable spectacle nautique, cette fontaine réalisée en 1983 par Niki de Saint Phalle et Jean Tinguely est un hommage au compositeur russe Igor Stravinsky. Constituée de 16 éléments évoquant les compositions du musicien, comme *L'Oiseau de feu*, cette fontaine

dite « des automates » est tout en mouvement et jeux d'eau. Les personnages colorés de Niki de Saint Phalle contrastent avec les sculptures métalliques peintes en noir de Jean Tinguely.
Pl. Igor-Stravinsky, 75004.

7 LA TOUR SAINT-JACQUES*

Seul vestige de l'église Saint-Jacques-la-Boucherie, qui fut construite sous François Ier, cette tour, haute de 52 m et comptant 300 marches, offre depuis son sommet une vue panoramique. De la tour Eiffel à la Conciergerie, de Notre-Dame à l'Hôtel de Ville et au centre Georges-Pompidou, Paris apparaît dans toute sa splendeur.
Square de la Tour-Saint-Jacques, 75004 • ☎ 01 83 96 15 05 • Juin-oct. : ven.-dim. 9h-18h30 (plus lun. en juil.-août) • Entrée : 10 € • Visites ttes les heures • Interdit aux moins de 10 ans.

Pause *coffee shop* : Marcelle

13 • 22, rue Montmartre, 75001 • ☎ 01 40 13 04 04 • www.restaurantmarcelle.fr • Lun.-ven. 9h-17h30, sam.-dim. 9h-18h30.
Au comptoir, on choisit parmi les douceurs signées Ophélie Barès (lauréate de la saison 2 de « Qui sera le prochain grand pâtissier ? »), les salades gourmandes (dès 15 €), les cafés bien exécutés, les sandwichs couture ou les plats savoureusement sains (16-19 €). Reste ensuite à gravir les différents niveaux de cet antre déco à la recherche de son siège idéal, entre conviviale table à partager face au mur de miroirs en rotin ou alcôves plus intimes.

3 Le Marais et LA PLACE DES VOSGES

● Restos & bistrots p. 132 ● Bars, clubs & sorties p. 164 ● Boutiques p. 194

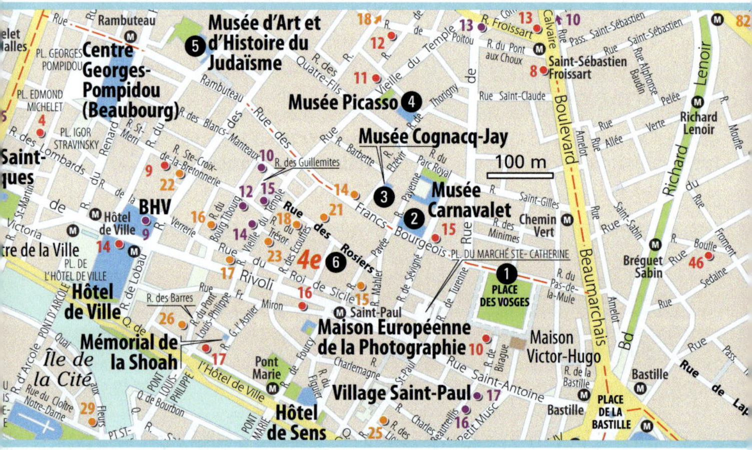

Au XVIIe siècle, le Marais connaît ses heures de gloire avec l'aménagement de la place des Vosges, où toute la société élégante se retrouve lors de grandes festivités. Les hôtels particuliers se multiplient, mais la Révolution entraîne la « chute » du Marais et son abandon progressif. Aujourd'hui, ce quartier vit tard la nuit, et ses boutiques branchées sont ouvertes le dimanche. C'est aussi le point de rencontre de la communauté gay.

❶ LA PLACE DES VOSGES★★★

En 1604, Henri IV commanda la construction de cette place comprenant 36 pavillons de briques et de pierres qui surmontent une galerie d'arcades. Dans cette parfaite symétrie se détachent les pavillons du Roi et de la Reine, qui se font face. Au n° 6, l'ancien hôtel de Rohan-Guéméné abrite toujours la **maison de Victor Hugo**, que l'on peut visiter gratuitement *(mar.-dim. 10h-18h, www. maisonsvictorhugo.paris.fr)*.

❷ LE MUSÉE CARNAVALET***

Ce musée installé dans deux hôtels particuliers des XVIe et XVIIe s. retrace l'histoire de Paris des origines à nos jours, à travers une riche collection de peintures, de sculptures, de mobilier et d'objets du quotidien. Vous y croiserez tout aussi bien une pirogue du néolithique retrouvée sur le site de Bercy, des représentations Belle Époque de la ville ou des éléments d'architecture médiévaux.

Écrin précieux

En plus d'avoir accueilli un hôte illustre, Mme de Sévigné, l'hôtel Carnavalet (1560) peut se targuer d'être l'un des rares témoins toujours debout de l'architecture Renaissance à Paris (avec la cour carrée du Louvre). Son voisin, l'hôtel Le Peletier de Saint-Fargeau, date quant à lui de 1688 et est l'œuvre de l'architecte du Roi et de la Ville, Pierre Bullet.

Nouveau parcours

Le musée d'Histoire de la ville a entamé une mue importante depuis sa réouverture en 2020. Les bâtiments et de nombreuses œuvres ont été rénovés et le parcours en lui-même a également été revu. Au cœur du dispositif, on retrouve les pièces qui ont fait le succès du musée : les *period rooms*. Elles présentent un voyage chronologique dans le temps, depuis le Mésolithique jusqu'à nos jours. L'occasion d'entrer dans le salon de Claude-Nicolas Ledoux ou dans la chambre de Marcel Proust, mais aussi de découvrir les mutations à l'œuvre dans le Grand Paris. Pour augmenter l'attrait pour les familles, 10 % des œuvres sont désormais exposées « à hauteur d'enfant ».

16, rue des Francs-Bourgeois, 75003 • ☎ 01 44 59 58 58 • www.carnavalet.paris.fr • Réouverture prévue en principe au printemps 2021.

❸ LE MUSÉE COGNACQ-JAY**

Ernest Cognacq, fondateur du grand magasin La Samaritaine, et son épouse, Marie-Louise Jaÿ, rassemblèrent au cours de leur

Musée Carnavalet

vie un grand nombre d'œuvres d'art du XVIIIe s. Cette collection offerte en 1928 à la Ville de Paris fut transférée en 1990 dans ce charmant petit hôtel du Marais. Boiseries, mobilier, tableaux de Chardin et de Fragonard, dessins, sculptures et bibelots meublent et décorent les pièces en recréant l'atmosphère d'une demeure parisienne à l'époque du siècle des Lumières.

8, rue Elzévir, 75003 • ☎ 01 40 27 07 21 • www.museecognacqjay.paris.fr • Mar.-dim. 10h-18h • Accès libre, sf expos temporaires (8 €).

Rue des Rosiers

❹ LE MUSÉE PICASSO★★★

L'hôtel Salé, bâti au XVIIe s. par un fermier général des gabelles (impôts sur le sel, d'où le surnom populaire de « Salé »), abrite depuis 1985 les collections du musée national Picasso. Une rénovation de taille destinée à mieux valoriser ce fonds unique au monde s'est achevée fin 2014, avec une surface d'exposition triplée, un merveilleux jardin et une cafétéria. Le musée propose aujourd'hui plus de 5 000 pièces consacrées à la vie et à l'œuvre du maître espagnol.

Un fonds exceptionnel

Dans le paysage des musées dédiés au maître, la collection de celui-ci tire son épingle du jeu pour trois raisons. Tout d'abord, cette dernière recouvre tout l'arc temporel, de 1895 à 1972. Aucune période de création n'est mise de côté. Elle s'intéresse, ensuite, à l'ensemble des domaines de création plastique investis par l'artiste espagnol. Son originalité vient, enfin, du fait qu'elle est directement issue des différents fonds d'atelier de Picasso. Ce sont, en quelque sorte, les « Picasso de Picasso ». Au total, 5 000 œuvres de la main de l'artiste (dont l'*Autoportrait* de 1901, *La Flûte de pan* de 1923 et les études préparatoires pour *Les Demoiselles d'Avignon*) et 200 000 archives personnelles.

Ses maîtres

À ce fonds colossal s'ajoutent 150 œuvres de la collection particulière de Picasso, pour la plupart signées de grands noms. On y retrouve des toiles de ceux qu'il a admirés (le Douanier Rousseau, Degas, Cézanne) et d'artistes plus proches (Matisse, Braque, Miró, etc.). Quant aux éléments décoratifs, ils ont été spécialement dessinés pour le musée par Diego Giacometti (le frère d'Alberto).

Hôtel Salé • 5, rue de Thorigny, 75003 • ☎ 01 85 56 00 36 • www.museepicassoparis.fr • Mar.-ven. 10h30-18h, sam.-dim. et j. fériés 9h30-18h ; f. 1er janv., 1er mai et 25 déc. • Entrée : 14 €.

❺ LE MUSÉE D'ART ET D'HISTOIRE DU JUDAÏSME**

Installé dans le bel hôtel de Saint-Aignan, le musée est connu pour l'éclectisme et la richesse de ses expositions : objets d'art, du culte ou du quotidien retracent l'histoire et les traditions des communautés juives de Paris et d'ailleurs. Il abrite une collection permanente tout aussi variée. Des stèles funéraires du XIIIe s. voisinent avec un projet de l'artiste contemporaine Sophie Calle sur l'Érouv de Jérusalem.

Hôtel de Saint-Aignan • 71, rue du Temple, 75003 • ☎ 01 53 01 86 53 • www.mahj.org • Collections permanentes : mar.-ven. 11h-18h, sam.-dim. 10h-18h • Entrée : 10 €.

❻ LA RUE DES ROSIERS**

Les effluves de falafels parfument cette rue pavée, piétonne le dimanche. Dans ce lieu emblématique de la communauté juive, les boutiques branchées fleurissent entre enseignes casher et synagogues. Ainsi, on trouve désormais des jeans au n° 7, derrière la devanture du restaurant Goldenberg, qui fut le théâtre d'un attentat meurtrier en août 1982, mais la façade a été conservée. Au 16 ter, le Café des Psaumes, lieu d'échange, de souvenir et de convivialité autour de la culture juive, veille sur les aïeuls et l'âme du quartier (accessible à tous à l'exception du samedi, jour de shabbat).

Pause italienne : Eataly

La passion parisienne pour les saveurs transalpines s'exprime dans toute sa démesure, sur 4 000 m², via cette franchise trendy née à Turin. Ce sont pas moins de sept cafés et restaurants qui sont proposés ici, en plus des allées d'épicerie fine garnies du meilleur de l'Italie. Pizzas, pâtes fraîches, *gelato* ou *aperitivo* ; chaque recoin a sa spécialité.

● 22 • 7, rue Sainte-Croix-de-la-Bretonnerie, 75004 • ☎ 01 83 65 81 00 • www.eataly.net • magasin ouvert t. l. j. 8h-minuit, horaires restos variables.

D'UN PONT à l'autre

Les 37 ponts et passerelles qui enjambent la Seine sur quelque 13 km et participent à l'image romantique de Paris sont autant de traits d'union entre ses rives, ses habitants et ses monuments historiques. De jour comme de nuit, les emprunter en longeant les quais est une façon unique de découvrir Paris. Tous d'architecture et d'époque différentes, ils sont le reflet de la transformation de la capitale au cours des siècles.

Pont-Royal

Aux origines

De la tribu gauloise des Parisii, installée dans la région au IIIe s. av. J.-C., jusqu'aux Romains, tous ont cherché à exploiter la Seine grâce à la navigation fluviale. Au Moyen Âge, les « marchands de l'eau » étaient si puissants que le sceau de leur corporation devint celui de la ville. C'est à cette époque que les ponts commencèrent à se multiplier. Au XIIe s., le roi Louis VII fit installer orfèvres et changeurs à l'emplacement de l'ancien Grand-Pont, qui deviendra le pont au Change. En 1413, Charles VI baptise un nouveau pont : le pont Notre-Dame, reliant le quai de Gesvres au quai de la Corse, sur l'île de la Cité. Ces ponts ont tous fini par s'écrouler sous le poids des maisons, des boutiques et des armureries qui les recouvraient, ou lors d'incendies ou de crues.

Des symboles d'Histoire et de Culture

Leurs noms rappellent parfois de glorieuses victoires militaires comme le **pont de Tolbiac** pour Clovis, la **passerelle de Solferino** pour Napoléon III ou le **pont de Bir-Hakeim** pour les Forces françaises libres. Certains ponts sont associés à de célèbres dirigeants : Alexandre III, Charles de Gaulle...D'autres ont pris temporairement un visage artistique, comme le Pont-Neuf, emballé en 1985 par Christo, ou le pont Louis-Philippe, qui fut recouvert par JR d'immenses portraits et regards de femmes, dans le cadre de son projet *Women Are Heroes*.

Les incontournables

Parmi les emblématiques figurent le **Pont- Neuf,** le plus ancien, dont la construction s'est achevée en 1607, le **pont Alexandre-III,** réalisé lors de l'Exposition universelle de 1900, ou le **pont de l'Alma,** fréquenté par de nombreux touristes depuis la disparition de la princesse Diana en 1997. Le **pont des Arts,** qui relie l'Institut de France et le palais du Louvre, est un lieu de rendez-vous des amoureux du monde entier. Ses cadenas d'amour, trop lourds, ont dû être retirés des grilles.

Les ponts parisiens et le cinéma

Les ponts servent régulièrement de décor au cinéma et véhiculent l'image de Paris à travers le monde entier. On se souvient des envies de plongeon de Jamel Debbouze depuis le **pont Alexandre-III** dans le film *Angel-A*. Sur ce même pont, Marie Gillain tente d'échapper à son assaillant dans *Pars vite et reviens tard*. La scène finale du film *Insaisissables* se déroule sur le **pont des Arts,** symbole d'un amour romantique, tout comme le baiser échangé entre Carrie Bradshaw et Mr Big dans le film *Sex and the City*. C'est sur le **pont de Bir-Hakeim** que Maria Schneider fait la rencontre de Marlon Brando pour un *Dernier Tango à Paris* et qu'Ellen Page découvre le pouvoir d'*Inception* que souhaite lui transmettre Leonardo DiCaprio. Pour l'anecdote, *Les Amants du Pont-Neuf* n'a pas pu être tourné in situ, mais en studio, où il a été reconstruit grandeur nature, suite à une blessure de l'acteur principal et à un refus des autorités de prolonger les autorisations de tournage.

Quelques secrets et anecdotes

Saviez-vous que le **pont de la Concorde** a pu être construit grâce aux pierres prises à la forteresse de la Bastille ? Reliant la rive gauche à l'île Saint-Louis, le **pont de la Tournelle** est, quant à lui, surmonté de la statue de sainte Geneviève, patronne de la capitale. Dans la tradition parisienne, enfin, le fameux Zouave du **pont de l'Alma** sert à jauger la Seine en cas de crue.

CROISIÈRE SUR LA SEINE

Pour admirer au plus près les ponts parisiens, rien de mieux qu'une croisière sur la Seine, notamment celle des Vedettes de Paris, amarrées au pied de la tour Eiffel. Cette compagnie au caractère familial propose différentes formules selon vos envies : la croisière Découverte de 1h (15 €) permet déjà un bel aperçu du fleuve et de ses quais. Également, des croisières dédiées aux enfants !

www.vedettesdeparis.fr

4 Saint-Paul ET L'ÎLE SAINT-LOUIS

● Restos & bistrots p. 135 ● Bars, clubs & sorties p. 166 ● Boutiques p. 197

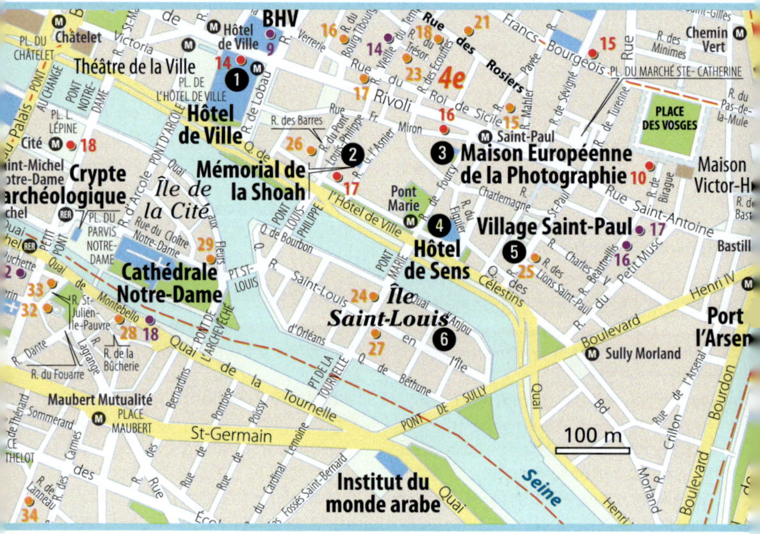

Quand on voit toutes les jolies devantures des boutiques de créateurs du quartier de Saint-Paul, on en oublie que c'était autrefois un vaste marécage traversé par une voie romaine, qui correspond aujourd'hui à la rue François-Miron. Quant à l'île Saint-Louis, c'est un village au cœur de la ville, avec ses berges tranquilles et ses façades nobles donnant sur la Seine.

❶ L'HÔTEL DE VILLE ET LE BHV★★

La façade actuelle de la mairie n'est plus celle dessinée par l'italien Domenico da Cortona pour François Ier, mais elle s'en inspire fortement. Incendié par les communards, le bâtiment fut reconstruit dans l'esprit Renaissance, qui rencontrait les faveurs de l'époque. Les visites

L'Hôtel de Ville

guidées sont suspendues, mais il est toujours possible de se glisser dans l'édifice au gré des expositions temporaires qu'il accueille.
De l'autre côté de la rue de Rivoli, le bâtiment avec son étonnant dôme d'angle Art nouveau est le **BHV** – pour « Bazar de l'Hôtel de Ville » –, l'un des emblématiques grands magasins de la ville. Sa particularité : faire se côtoyer férus de mode et bricoleurs, grâce à un sous-sol commercialisant outils et quincaillerie.

Pl. de l'Hôtel-de-Ville, 75004 • ☎ 01 42 76 40 40 • www.paris.fr • BHV : 52, rue de Rivoli, 75004 • ☎ 09 77 40 14 00 • Lun.-ven. 10h-19h30, sam. 9h30-20h, dim. 11h-19h30.

❷ LE MÉMORIAL DE LA SHOAH★★

Pour perpétuer le souvenir des victimes de la Shoah, ont été gravés sur un mur les noms des 76 000 juifs, dont 11 000 enfants, déportés de France dans les camps de concentration d'Auschwitz-Birkenau, Sobibor et Majdanek, entre 1942 et 1944. Seulement 2 500 d'entre eux ont survécu à la déportation. Un centre d'enseignement, d'échanges et de recherche est là pour dresser « un rempart contre l'oubli ».

17, rue Geoffroy-l'Asnier, 75004 • ☎ 01 42 77 44 72 • www.memorialdelashoah.org • Dim.-ven. 10h-18h

(22h jeu.) ; f. j. f. et fêtes juives • Accès libre • Visite guidée gratuite le dim. à 15h.

❸ LA MAISON EUROPÉENNE DE LA PHOTOGRAPHIE***

William Klein, Édouard Boubat, Raymond Depardon : tous les plus grands noms de la photographie contemporaine ont vu leurs œuvres exposées dans ce temple de l'image. L'hôtel Henault de Cantobre, construit en 1706 et propriété de la Ville, a fait l'objet d'une restauration et d'un agrandissement avec la construction d'une nouvelle aile. Sur trois niveaux, des accrochages réguliers de haute volée, mais aussi une librairie évidemment dédiée à la photographie, un café et une salle de projection.

5-7, rue de Fourcy, 75004 • ☎ 01 44 78 75 00 • www.mep-fr.org • Mer.-ven. 11h-19h45 ; sam.-dim. 10h-19h45 ; f. j. f. • Entrée : 10 €.

Pause glacée : Berthillon

Plus qu'une glace, c'est un peu de l'histoire parisienne qui se roule en boule dans un cornet. La maison créée en 1954 a bâti sa réputation à coups de parfums étonnants et de produits de haute qualité. L'adresse est un salon de thé parfait pour les jours tristes, mais l'expérience qui fait fondre touristes avertis ou locaux, c'est d'emporter son précieux dessert pour le déguster face à la Seine. Si la maison mère est en vacances, vous trouverez de nombreux revendeurs sur l'Île.

● 27 • 31, rue Saint-Louis-en-l'île, 75004 • ☎ 01 43 54 31 61 • www.berthillon.fr • Mer.-dim. 10h-20h • Coupe simple sur place : 4,70 €.

❹ L'HÔTEL DE SENS★★

Cet hôtel fut érigé à partir de 1475 par l'archevêque de Sens, Tristan de Salazar, à une époque où Paris n'était qu'un simple évêché. Derrière la façade toute en tourelles et motifs du gothique flamboyant, mêlant codes militaire et civil, vécut brièvement Marguerite de Valois, alias la « reine Margot ». Il est possible de pénétrer dans le lieu, devenu bibliothèque, ainsi que dans son charmant jardin à la française, très calme.

1, rue du Figuier, 75004 • ☎ 01 42 78 14 60 • www.paris.fr/equipements/bibliotheque-forney-18 • Bibliothèque : mar., ven.-sam. 13h-19h30, jeu.-ven. 10h-19h30 • Expositions : mar.-sam. 13h-19h • Entrée libre.

❺ LE VILLAGE SAINT-PAUL★

Construit sur les anciens jardins du roi Charles V, le village Saint-Paul fut restauré et aménagé au cours des années 1970. Aujourd'hui, il abrite un marché d'antiquités, sur rue et sur cour, regroupant nombre de boutiques qui proposent porcelaine, argenterie, meubles, tissus et dentelles. Une promenade à l'abri de l'agitation des rues alentour.

21-27, rue Saint-Paul, 75004 • www.levillagesaintpaul.com • Mer.-lun. 11h-19h (21h le 1er jeu. du mois).

Village Saint-Paul

❻ L'ÎLE SAINT-LOUIS★★

Jusqu'au XVIIe s., seules les vaches occupaient cette île aujourd'hui très prisée. Quand fut aménagée celle qui deviendra la place des Vosges, il fut décidé d'urbaniser ces 11 ha et d'y ériger d'élégants hôtels particuliers. Jetez un coup d'œil au quai d'Anjou pour découvrir notamment les œuvres de Louis Le Vau, le futur architecte de Louis XVI et de Vaux-le-Vicomte (hôtel Lambert au n° 2, hôtel Le Vau au n° 5, ou hôtel de Lauzun au n° 17, où écrivirent Baudelaire et Théophile Gautier).

Accès par le pont Marie ou par le pont de Sully.

5 L'île de la Cité ET NOTRE-DAME

● Restos & bistrots p. 136 ● Bars, clubs & sorties p. 167 ● Boutiques p. 199

L'île de la Cité, berceau de Paris ? Presque. Il est probable que la tribu gauloise des Parisii se soit d'abord déployée sur une autre île de la Seine. Mais dès la période romaine, on trouve ici des traces de celle qui se nomma « Lutèce » avant de devenir « Paris » et d'être désignée capitale en 508, par Clovis. L'île, qui accueille les vestiges du plus ancien palais royal parisien (la Conciergerie et la Sainte-Chapelle), écrit une nouvelle page de son histoire avec la reconstruction de son joyau, Notre-Dame.

❶ LA CATHÉDRALE NOTRE-DAME★★★

Commandée par l'évêque de Paris Maurice de Sully en 1163, la cathédrale fut érigée dans le style gothique en moins de deux siècles. Un record pour l'époque ! Délaissée par les Parisiens, elle fut menacée de démolition au début du XIXᵉ s.

avant de devenir l'héroïne du célèbre roman de Victor Hugo et de susciter un engouement populaire pour sa sauvegarde. Viollet-le-Duc fut mandaté pour mener le chantier de restauration (1844-1864). Il laissera notamment son empreinte avec la création d'une flèche de plomb que le monde entier regarda brûler en avril 2019.

Reconstruction

Geste architectural contemporain ou reproduction de l'ancien ? Le débat a fait rage, mais c'est finalement le camp de la reconstruction à l'identique qui l'a emporté. Le délai avancé de 5 ans pourrait être tenu. Il est question d'une réouverture au culte et aux visites pour avril 2024, même si les travaux ne devaient pas être achevés. En attendant, seul l'extérieur est (partiellement) visible. Un accueil touristique est organisé dans une structure éphémère installée sur le parvis (boutique, départ des visites guidées de l'association CASA, etc.).

La façade occidentale

Depuis le parvis partiellement ouvert, observez les trois portails sculptés monumentaux, destinés à impressionner le visiteur. Au centre, le Jugement dernier ; à gauche, le portail de la Vierge ; à droite, le portail de Sainte-Anne. Au Moyen Âge, toutes les statues étaient peintes ! Elles sont surplombées au deuxième niveau par une impressionante rose ciselée. Les deux tours, qui s'élèvent à 69 m de hauteur, firent de la cathédrale le plus haut bâtiment de Paris durant des siècles.

6, pl. du Parvis-Notre-Dame, 75004 • www.notredamedeparis.fr • Cathédrale : ☎ 01 53 40 60 80 • Intérieur entièrement fermé au public. L'accès au parvis et aux abords peut évoluer en fonction des travaux de reconstruction.

❷ LA CRYPTE ARCHÉOLOGIQUE

Rouverte au public en 2020, elle est conçue selon un double parcours. Au centre, la partie archéologique, constituée notamment de larges vestiges

Notre-Dame

gallo-romains, retrace l'histoire antique de l'île de la Cité et de Paris. Tout autour, une exposition s'attarde sur le rôle qu'ont joué Victor Hugo et Viollet-le-Duc dans l'histoire de Notre-Dame et dévoile des tirages des toutes premières photos de l'édifice.

7, pl. Jean-Paul-II, 75004. • ☎ 01 55 42 50 10 • wwwcrypte.paris.fr • Mar.-dim. 10h-18h • Entrée : 9 €.

❸ LA SAINTE-CHAPELLE***

Le soleil perçant à travers les vitraux et inondant de lumière la nef de la Sainte-Chapelle, ce joyau du gothique français, est un spectacle magnifique à admirer ! Saint Louis fit construire cet édifice en un temps record, entre 1241 et 1248, pour abriter les reliques de la Passion du Christ (la Couronne d'épines et un morceau du bois de la Vraie Croix), qui reposent dans la chapelle haute, dans une grande châsse d'argent et de cuivre doré.

8, bd du Palais (à l'intérieur du Palais de justice), 75001 • ☎ 01 53 40 60 80 • www.sainte-chapelle.fr • Avr.-sept. t. l. j. 9h-19h ; oct.-mars. t. l. j. 9h-17h ; f. 1er janv., 1er mai et 25 déc. • Entrée : 11,50 € (gratuit le 1er dim. du mois nov.-mars) • Billet jumelé Conciergerie + Sainte-Chapelle : 17 €.

❹ LA CONCIERGERIE***

Sur le site où résidèrent les gouverneurs romains et les premiers Capétiens, Philippe le Bel fit ériger, au début du XIVe s., le puissant palais de la Cité, considéré comme l'un des plus admirables du Moyen Âge. En témoignent la salle gothique des gens d'armes, la salle des gardes et les cuisines. Puis, délaissé au profit du Louvre et de Vincennes, le palais fut transformé en prison au XVe s. C'est là que fut enfermée Marie-Antoinette durant la Terreur. Aujourd'hui, La Conciergerie se visite en réalité augmentée pour enrichir encore plus votre parcours. Muni d'une tablette tactile - qui se loue pour 5 € à l'entrée -, les tables de banquet, les tapisseries murales et les mets d'une autre époque renaissent sous vos yeux.

2, bd du Palais, 75001 • ☎ 01 53 40 60 80 • www.paris-conciergerie.fr. • T. l. j. 9h30-18h ; f. 1er mai et 25 déc. • Entrée : 9,50 € (gratuit le 1er dim. du mois nov.-mars) • Billet jumelé Conciergerie + Sainte-Chapelle : 17 €.

❺ LA PLACE DAUPHINE***

Construite en 1607, en l'honneur du futur Louis XIII, elle était bordée de 32 maisons, dont certaines, comme le n° 14, ont gardé leur aspect d'origine (murs de briques et de pierres, toit d'ardoises et arcades surmontées de deux étages). La chanson, *Il est cinq heures, Paris s'éveille*, de Jacques Dutronc a rendu célèbre cette place, située à deux pas de la Seine et du Pont-Neuf, un lieu charmant et calme qui ressemble à une place de village. On peut s'y prélasser sur un banc en amoureux. C'est aussi un excellent spot de pétanque.

❻ LE PONT-NEUF★★★

Commencé en 1578 et inauguré en 1607, le Pont-Neuf est le plus vieux de Paris et il vous emballera comme l'a emballé Christo en 1985 ! Depuis ses piles, sur lesquelles sont aménagés des espaces en demi-cercle avec des bancs, on a une vue splendide sur les quais de Seine. Derrière la statue équestre d'Henri IV, un escalier mène au square du Vert-Galant, d'après le surnom donné au roi et qui faisait allusion à ses nombreuses conquêtes féminines.

Pause de charme : Le Petit Plateau

Esther est avant tout tombée sous le charme de l'emplacement : un lumineux espace cosy situé à la pointe de l'île de la Cité, face au pont qui permet de poursuivre la balade dans l'« archipel » parisien. Riche d'une dizaine d'années d'expérience dans la restauration, elle a décidé de transformer l'adresse en une bonne table garnie de produits faits maison, entre tartines de pain Poilâne (15-17 €), clafoutis salés ou sucrés, gratins réconfortants, parmentiers et tartares.

● 30 • 1, quai aux Fleurs, 75004 • ☎ 01 44 07 61 86 • www.lepetitplateau.paris • T. l. j. 10h-22h.

6 Le Quartier latin

● Restos & bistrots p. 136 ● Bars, clubs & sorties p. 167 ● Boutiques p. 199

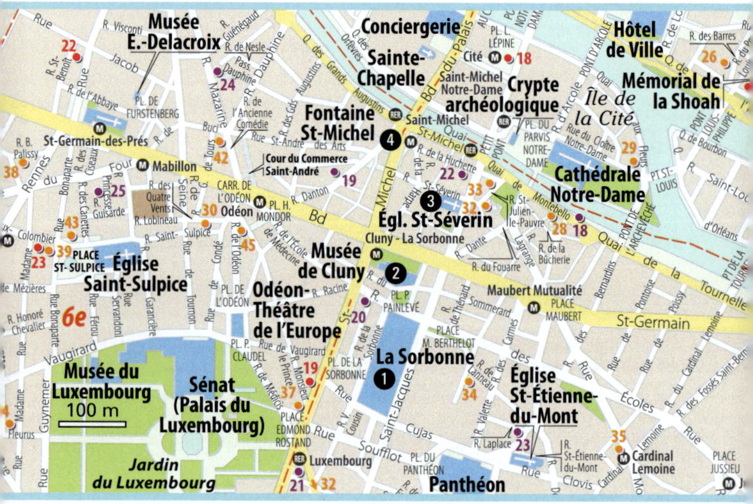

Les rues se chargent d'étudiants à la sortie des cours, les cafés restent ouverts tard le soir, les librairies universitaires bruissent d'une agitation studieuse. Depuis la fondation de la Sorbonne au XIIIe siècle, le quartier vit du savoir et de sa transmission, en latin bien sûr, d'où son nom. Agité parfois de soubresauts, il n'en demeure pas moins l'un des plus touristiques et fréquentés de Paris.

❶ LA SORBONNE★★

C'est Robert de Sorbon qui fonda au XIIIe s. le collège appelé à devenir le siège de la faculté de théologie de Paris. La Sorbonne a connu au fil des âges une histoire architecturale et sociale mouvementée, jusqu'à se voir propulsée bastion de la révolte étudiante de Mai 68. Aujourd'hui, si vous avez la chance de pouvoir

La Sorbonne

pénétrer dans la cour d'honneur, vous y admirerez de belles façades et fresques d'artistes. La place de la Sorbonne offre aussi quelques terrasses agréables, où refaire le monde aux beaux jours.
17, rue de la Sorbonne, 75005.

❷ LE MUSÉE DE CLUNY, LE MONDE MÉDIÉVAL, LES THERMES ET L'HÔTEL★★★

Le musée national du Moyen Âge est installé depuis 1843 dans des thermes gallo-romains ainsi que dans l'hôtel de Cluny, l'un des rares bâtiments civils médiévaux de la ville encore debout. L'extension contemporaine en fonte de 2018 est quant à elle signée Bernard Desmoulin.

En chantier

Impossible pour le moment d'accéder à l'impressionnante collection du musée, en pleine mue. Il faudra patienter, au minimum, jusqu'à début 2022 pour admirer à nouveau l'une des plus célèbres tapisseries du monde : *La Dame à la Licorne*.
6, pl. Paul-Painlevé, 75005
• ☎ 01 53 73 78 00 (serveur vocal)
• www.musee-moyenage.fr
• Entièrement fermé pour travaux jusqu'au début de l'année 2022.

Musée de Cluny

Église Saint-Séverin

❸ L'ÉGLISE SAINT-SÉVERIN★

C'est l'une des plus jolies églises paroissiales de Paris, l'une des plus anciennes aussi. Un parfait exemple de l'évolution des styles du XIIIe au XVIe s., un spécimen achevé de l'architecture gothique flamboyante. La visite est plutôt courte, mais éblouissante entre les spirales de la colonne centrale et la nervosité des voûtes en palmier, où les lignes tissent leur toile de pierre.

1, rue des Prêtres-Saint-Séverin, 75005 • ☎ 01 42 34 93 50 • www.saint-severin.com • T. l. j. 9h-19h30 • Visite guidée de l'église dim. à 15h30.

❹ LA FONTAINE SAINT-MICHEL★

Haussmann décida de construire cette majestueuse fontaine pour masquer le départ du tout nouveau boulevard Saint-Michel, désaxé par rapport au boulevard du palais de la Cité. En 1860, Davioud dessina l'ensemble, s'inspirant de la fontaine de Trevi à Rome et de celle de Marie de Médicis au jardin du Luxembourg. Duret réalisa le saint Michel terrassant le dragon.

Pl. Saint-Michel.

Pause littéraire : Shakespeare and Company Café

Cette librairie anglo-saxonne charme par son atmosphère depuis les années 1950. Elle compta Allen Ginsberg, Anaïs Nin ou encore Richard Wright parmi ses habitués et offrit l'abri pour la nuit à des dizaines d'écrivains en devenir. Depuis 2015, un charmant café et sa terrasse contemplant Notre-Dame sont venus se lover dans son sillage. Il propose *latte* végétaux, délices *healthy* et kombucha, mais aussi le dessert préféré de George Whitman, propriétaire originel de la librairie : la tarte au citron meringuée (5 €).

● 35 • 37, rue de la Bûcherie, 75005 • ☎ 01 43 25 40 93
• shakespeareandcompany.com • Lun.-ven. 9h30-19h, sam.-dim. 9h30-20h
• Bagel saumon-avocat : 9,50 € ; smoothie du jour : 6 €.

7 Du Panthéon AU JARDIN DES PLANTES

● Restos & bistrots p. 138 ● Bars, clubs & sorties p. 169

Derrière la montagne Sainte-Geneviève, couverte depuis le Moyen Âge de couvents, de collèges et d'universités, commence la rue Mouffetard, l'une des plus anciennes de Paris. Ce quartier de la « Mouff' », autrefois très populaire et misérable, où l'on trouvait les auberges les plus louches, séduit aujourd'hui par ses rues pavées qui descendent vers la Seine, bordées de petits immeubles anciens.

❶ LE PANTHÉON***

Louis XV ayant fait le vœu d'édifier une église dédiée à sainte Geneviève, Soufflot fut chargé d'en dessiner le plan. Il lui donna la forme d'une croix grecque. Les aléas de la politique aidant, elle allait perdre et retrouver sa vocation religieuse à diverses reprises, au hasard des gouvernements et des révolutions. Lorsque Victor Hugo mourut, elle devint à jamais le tombeau des grands hommes et femmes, sous les fresques évanescentes de Puvis de Chavannes. 78 personnalités y reposent, comme Jean-Jacques Rousseau, Émile Zola, Louis Braille, Jean Moulin, Pierre et Marie Curie ou Simone Weil.

Pl. du Panthéon, 75005 • ☎ 01 44 32 18 00 • www.paris-pantheon.fr • Oct.-mars : t. l. j. 10h-18h ; avr.-sept. : t. l. j. 10h-18h30 ; f. 1er janv., 1er mai et 25 déc. • Entrée : 11,50 €.

❷ L'ÉGLISE SAINT-ÉTIENNE-DU-MONT**

C'est l'une des plus curieuses églises de Paris, qui fut achevée au XVIIe s. par la construction d'un portail étonnamment asymétrique, dans le goût Renaissance. Contrairement aux autres édifices, elle a conservé un jubé du XVIe s., dont la sculpture est une pure merveille. C'est là que sont enterrés Pascal et Racine.

1, rue Saint-Étienne-du-Mont, 75005 • www.saintetiennedumont.fr • Lun. 18h30-19h30, mar.-ven. 8h45-19h45 (22h mer.), sam. 8h45-12h et 14h-19h45, dim. 8h45-12h15 et 14h30-19h45 • Possibilité de visite guidée en groupe (résa obligatoire, rens. ☎ 01 43 54 11 79 ou sur le site) • Accès libre.

❸ L'INSTITUT DU MONDE ARABE***

La façade, conçue par Jean Nouvel, est couverte de 240 moucharabiehs qui, tels des diaphragmes, s'ouvrent et se ferment en fonction de l'intensité lumineuse. Les

Panthéon

collections du musée se déploient autour d'un patio et retracent la grandeur et l'épanouissement culturel et artistique des civilisations arabo-musulmanes à travers des objets d'art, manuscrits, instruments scientifiques et de l'artisanat. Agréable café au sommet, pour savourer un thé à la menthe avec vue.

1, rue des Fossés-Saint-Bernard, pl. Mohammed-V, 75005 • ☎ 01 40 51 38 38 • www.imarabe.org • Mar.-ven. 10h-18h, sam.-dim. 10h-19h ; juil.-août mar.-sam. 13h-18h ; f. j. f. • Entrée musée : 8 €.

Pause *healthy* : Strada Café

C'est le point de départ ou d'arrivée idéal lors de jolies balades dans le Quartier latin. Vous apprécierez l'ambiance ultra-friendly et la décoration épurée et brute du lieu. À la carte, cakes (3,50 €), sandwichs et salades sont préparés avec des produits frais et de saison. Pour terminer, dégustez tranquillement un excellent *flat white*.

● 37 • 24, rue Monge, 75005 • ☎ 09 83 67 83 64 • Lun.-ven. 8h-18h30, sam.-dim. 10h-18h30 • Tarte du jour avec garniture : 13 €.

❹ LES ARÈNES DE LUTÈCE★

C'est un secret bien gardé, un trésor de l'histoire ne se dévoilant qu'aux curieux qui prennent la peine de traverser le n° 49 de la rue Monge. Construit entre le Ier et le IIe s., cet amphithéâtre gallo-romain avait la capacité d'accueillir jusqu'à 15 000 personnes. Si l'on peut encore apercevoir la plate-forme de la scène et la loge, on s'y rend surtout pour la tranquillité de cet îlot préservé et très vert, apprécié des footballeurs et des boulistes. En sortant, prenez la rue Rollin : le philosophe français René Descartes habita au n° 14, et Blaise Pascal au n° 22.

Square des Arènes
• 49, rue Monge, 75005
• T. l. j. 9h-18h (20h30 en été)
• Accès libre.

❺ LE JARDIN TINO-ROSSI★

Ce jardin situé sur les berges de la Seine en face du Jardin des plantes est aussi un musée de Sculpture contemporaine en plein air. À l'ombre de vieux platanes, on découvre avec plaisir les œuvres de Brancusi, César, Ipoustéguy, Zadkine, Schöffer, Stahly et encore bien d'autres artistes.

Quai Saint-Bernard, 75001
• Ouv. 24h/24
• Accès libre.

❻ LE JARDIN DES PLANTES ET LE MUSÉUM D'HISTOIRE NATURELLE***

Ouvert au public depuis 1640, ce lieu unique et protégé au cœur de Paris rassemble depuis plusieurs siècles scientifiques, élèves de tous âges, artistes animaliers ou peintres de fleurs. Il comporte une ménagerie, un Jardin botanique, des galeries de Minéralogie ou de l'Évolution... et surtout les Grandes Serres, à ne pas manquer !

Le Jardin des plantes

Il voit le jour en 1626 avec la création, sous Louis XIII, d'un Jardin royal des plantes médicinales, qui devint « Jardin du Roy » en 1739 et « Jardin des plantes » à la Révolution. Aujourd'hui, une roseraie longe la galerie de Minéralogie, et le Jardin botanique abrite le jardin alpin, qui rassemble à lui seul plus de 2 000 espèces végétales montagnardes provenant du monde entier !

Les Grandes Serres

Elles ont été réaménagées pour proposer aux visiteurs un voyage à travers quatre univers différents : la serre des forêts tropicales humides, celle des déserts et des milieux arides,

Jardin des plantes

celle de Nouvelle-Calédonie et celle de l'histoire des plantes. Une balade à travers la végétation, idéale pour découvrir l'incroyable richesse de la biodiversité de notre belle planète.

La Grande Galerie de l'Évolution

Sous cette belle architecture métallique de Jules André, passe la caravane des animaux naturalisés, qui raconte l'histoire de l'évolution des espèces depuis les origines de la vie, il y a 4 milliards d'années, jusqu'à aujourd'hui.

La Ménagerie

Avec ses bâtiments datant des XVIIIe et XIXe s., elle est le plus ancien zoo du monde ! Créée à la Révolution, en 1794, pour accueillir les nombeux animaux qui provenaient de la Ménagerie royale de Versailles, elle a conservé son aspect d'origine et abrite aujourd'hui des animaux de petite taille.

Les galeries de Paléontologie et d'Anatomie comparée

Partez pour un voyage au pays des squelettes avec, au 2e étage, la galerie de Paléontologie où se dressent les dinosaures et les mammouths, et où les fossiles évoquent d'anciennes formes animales vieilles de plus de 600 millions d'années. Impressionnant !

La galerie de Minéralogie et de Géologie

Météorites, minéraux et fabuleux cristaux, cette collection figure parmi les plus anciennes et les plus prestigieuses du monde. Vous verrez une salle du Trésor avec 2 000 gemmes, dont l'émeraude de Saint Louis, une salle de cristaux géants, ou des pierres sorties des cabinets de curiosités.

36, rue Geoffroy-Saint-Hilaire, 75005 • ☎ 01 40 79 56 01 ou 01 40 79 54 79 • www.mnhn.fr • Rens. et rés. visites guidées pour les 4 sites : ☎ 0826 10 42 00.

7 LA GRANDE MOSQUÉE DE PARIS**

Inaugurée en 1926, la Grande Mosquée fut bâtie pour rendre hommage aux musulmans morts pour la France durant la Première Guerre mondiale. Elle est construite dans un style hispano-mauresque usant de mosaïques chamarrées, d'arabesques et d'éléments de marqueterie qui rappellent la grande mosquée de Fez. Sa succession de patios et jardins intérieurs plantés d'orangers, sa bibliothèque coranique et le thé à la menthe de son restaurant (ouv. midi et soir, 7j./7) offrent un profond dépaysement, à l'ombre de l'un des plus hauts minarets de France (26 m). Sans parler de son hammam (réservé aux femmes, t. l. j. 10h-21h ; rés. : ☎ 01 43 31 38 20, 20 €, 48 € avec massage et gommage).

39, rue Geoffroy-Saint-Hilaire, 75005
• ☎ 01 45 35 97 33
• www. mosqueedeparis.net
• Visites t. l. j. sauf ven. et fêtes musulmanes à 9h-12h et 14h-18h (3 €).

8 LA RUE MOUFFETARD**

Entre la place du Panthéon et celle de la Contrescarpe, voici la rue Mouffetard, l'une des plus anciennes rues de Paris, immortalisée dans les *Contes de la rue Broca* de Pierre Gripari. Jadis, on la représentait souvent comme le refuge de la pègre et des clochards de Paris. Aujourd'hui devenue assez touristique, elle a su conserver son côté pittoresque et son ambiance populaire, en particulier les jours de marché. En redescendant toute la rue, au niveau du n° 141, l'église Saint-Médard présente de beaux vitraux, à la fois anciens et contemporains.

Pause sucrée : L'Enclos de Ninon

Son joli comptoir en bois et son plancher créent une ambiance chaleureuse et cosy. Dans ce salon de thé-épicerie fine, vous pourrez accompagner votre part de tarte faite maison (figue, framboise, beurre de cacahuète... à 5 €) d'un thé du Palais des Thés (6 €).

● 38 • 68, rue du Cardinal-Lemoine, 75005 • ☎ 01 46 34 07 43
http://lenclosdeninon.fr • Mar.-sam. 10h-20h ; dim 10h-19h.

DU VERT dans la ville

La ville a beau être densément peuplée, elle regorge de squares, d'avenues fleuries et de jolies cours intérieures arborées qui offrent d'authentiques moments de tranquillité, de détente et de promenade. Du haut de la tour Eiffel ou de l'Arc de triomphe, on peut d'ailleurs apercevoir une partie des nombreux parcs et jardins de la capitale. Depuis quelques années ont même fleuri en ville des murs végétaux, comme au musée du quai Branly – Jacques Chirac.

Coulée verte

Une bonne situation

Paris est située au cœur d'une **région horticole.** Une tradition que la poussée des grands ensembles de banlieue n'est pas arrivée à détruire : Belle Épine, L'Haÿ-les-Roses, Fontenay-aux-Roses, par exemple, rappellent par leur nom que le sud de la banlieue parisienne et la Brie voisine demeurent le centre des rosiéristes. Le Vexin est celui des plantes à bulbe, qui alimentent la ville chaque jour.

Jardins publics et politique du vert

La Ville de Paris possède **2 300 ha d'espaces verts et 483 000 arbres.** Ce patrimoine est entretenu par environ 1 600 jardiniers et 230 bûcherons, tandis que les horticulteurs municipaux « produisent » 215 000 plantes vivaces et grimpantes, 3 millions de plantes fleuries ou vertes, et mettent en terre 2 400 arbres chaque année ! Les jardiniers de la Ville de Paris entretiennent avec amour les plates-bandes et les parterres des **426 jardins publics** ainsi que ceux des avenues. Les **fleurs de saison** se succèdent dans les allées du Luxembourg (p. 61). Les **arbres centenaires** et les **roses de Bagatelle** font courir tout Paris ; le Jardin des plantes (p. 55) reste un des hauts lieux de l'horticulture parisienne ; la Vallée des fleurs du Parc floral de Paris, dans le bois de Vincennes, se couvre de **giroflées,** de **tulipes,** de **pensées** et d'une collection d'**iris unique au monde...** Près de **100 000 plantes** sont cultivées chaque année dans les magnifiques serres d'Auteuil à l'architecture Napoléon III. Dès qu'il est possible de récupérer un peu d'espace dans la ville, les paysagistes tentent d'y mettre de la chlorophylle, comme avec le Jardin atlantique, situé au-dessus des voies ferrées de la gare Montparnasse, et la Coulée verte (p. 109), cette magnifique promenade plantée sur le viaduc Daumesnil allant de la Bastille au bois de Vincennes. **Nouveaux jardins** ou **extensions de jardins** existants, **espaces végétalisés...** la nature reprend ses droits.

Une multitude de parcs

Les coins de verdure ne manquent donc pas à Paris. Découvrez les **grands parcs historiques** comme le jardin des Tuileries (conçu par André Le Nôtre, p. 28), celui du Luxembourg (cher à Marie de Médicis, p. 61) ou du Palais-Royal (p. 27). Arpentez les **grands parcs à l'anglaise** du XIXe s., comme Montsouris, Monceau ou les Buttes-Chaumont (p. 103). Si vous recherchez des espaces de verdure plus **contemporains,** explorez le parc de la Villette (p. 97) ou le parc André-Citroën. Vous trouverez même encore des **jardins ouvriers** sur l'ancien tracé de la Petite Ceinture (p. 12).

Un programme de visites

Parcs, jardins, cimetières, bois ont leur histoire et leur spécificité. La Ville de Paris organise tout au long de l'année des cycles de **conférences** sur l'histoire des jardins et sur les plantes. On peut aussi suivre des **cours de botanique** et de **jardinage.** Enfin, à la belle saison, des **visites guidées** vous feront découvrir des jardins haussmanniens, des jardins modernes, la convivialité des jardins partagés... N'hésitez pas à consulter le site www.paris.fr, rubrique « Paris pratique », puis « Paris au vert » !

LES BERGES DE LA SEINE

La mairie de Paris poursuit son projet de reconquérir les berges de la Seine, inscrites au patrimoine mondial de l'Unesco, pour les offrir aux piétons. Un nouveau **parc Rives de Seine** a ainsi vu le jour : associant les 2,5 km déjà piétons de la rive gauche - du musée d'Orsay au pont de l'Alma - aux 4,5 km de la rive droite, ce parc relie le tunnel des Tuileries au bassin de l'Arsenal, en longeant le musée du Louvre. Il forme un espace idéal de promenade avec terrains de pétanque, buvettes, jeux pour enfants, parcours de santé et pelouses pour se détendre. Pendant l'été, les estivants peuvent profiter de l'opération **Paris Plages** installée sur trois sites (la voie Georges-Pompidou, le bassin de la Villette et le parvis de l'Hôtel de Ville), où de nombreuses manifestations culturelles et activités sportives sont proposées.

8 Le Luxembourg et SAINT-GERMAIN-DES-PRÉS

● Restos & bistrots p. 138 ● Bars, clubs & sorties p. 170 ● Boutiques p. 199

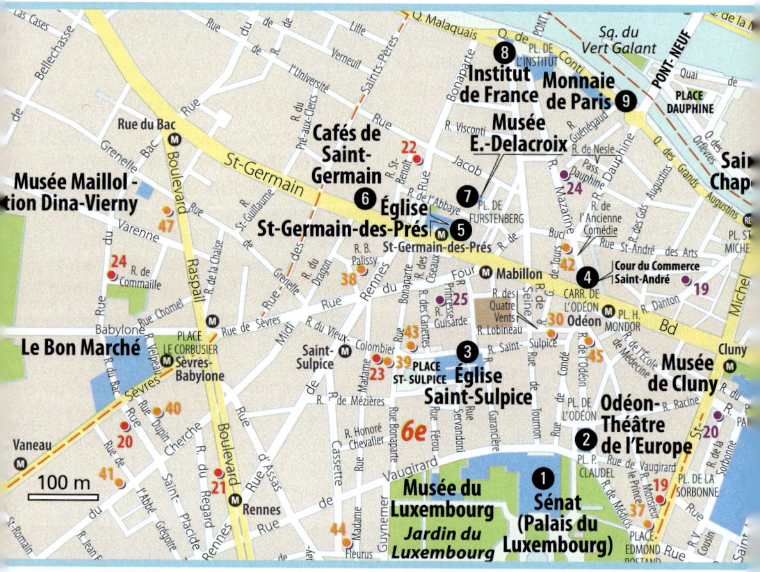

Des rues pleines de charme mènent au jardin du Luxembourg, comme la rue Servandoni ou la rue Férou. La rue Guisarde et la rue des Canettes, souvenirs du Paris d'antan, rejoignent le très animé boulevard Saint-Germain. Lézarder à la terrasse d'un café renommé ou typiquement parisien, admirer les vitrines des magasins de haute couture, arpenter les galeries d'art, déguster une pâtisserie fine dans l'un des chic salons de thé… D'Odéon à Saint-Germain-des-Prés, tout est invitation à la flânerie et à la contemplation.

❶ LE SÉNAT, LE JARDIN ET LE MUSÉE DU LUXEMBOURG***

Le jardin du Luxembourg, plus communément appelé « Luco », c'est 25 ha de verdure en plein cœur de la capitale. Il abrite également le Sénat et un musée.

Le jardin

Le jardin compte 106 statues, une réplique en bronze de *La Liberté éclairant le monde* de Bartholdi, la monumentale fontaine Médicis, l'Orangerie et le pavillon Davioud (qui abrite l'école d'horticulture du Luxembourg et la Société centrale d'apiculture). Sa beauté se renouvelle au fil des saisons : aux beaux jours, de magnifiques parterres fleuris, parfaitement entretenus ; à l'automne, les couleurs chatoyantes des feuilles renforcent son côté romantique. De nombreuses activités sont proposées, aussi bien pour les adultes (tennis, jeux de boules, échecs, etc.) que pour les enfants : courses de voiliers sur le bassin central, promenades en poney, voitures à pédales, balançoires, le célèbre théâtre de marionnettes datant de 1878 ainsi qu'une grande aire de jeux (Poussin Vert) divisée en deux espaces (entrée payante), un pour les 3-7 ans et l'autre pour les plus grands jusqu'à 12 ans.

Palais (Sénat) et jardin du Luxembourg

Le palais du Luxembourg

Ce magnifique palais Renaissance est le siège du Sénat et confère au parc une vraie noblesse. Construit en 1625 pour la reine Marie de Médicis, il hébergea la famille royale avant d'être transformé en prison sous la Révolution. En 1804, Napoléon Bonaparte y installe les premiers sénateurs. En 1836, Louis-Philippe le fait agrandir pour aboutir au bâtiment tel que nous le voyons aujourd'hui. Les 348 sénateurs du palais du Luxembourg se réunissent en commissions pour examiner les textes de loi. Sa bibliothèque compte 450 000 livres.

Le musée du Luxembourg

Depuis 2010, le Sénat a délégué la gestion et la programmation des expositions du musée à la Réunion des musées nationaux-Grand Palais. En l'honneur de Marie de Médicis, les expositions sont souvent consacrées à la Renaissance italienne et aux relations entre art et pouvoir, ainsi qu'au rôle de Paris comme capitale des arts.

• Jardin : accès pl. E.-Rostand, pl. A.-Honnorat, rue Guynemer et rue de Vaugirard, 75006 • T. l. j. du lever au coucher du soleil • Sénat : 15, rue de Vaugirard • ☎ 01 42 34 20 00 • www.senat.fr/visite • Musée : accès 19, rue de Vaugirard • ☎ 01 40 13 62 00 • T. l. j. 10h30-19h (22h lun.) • Entrée : 13 €.

❷ L'ODÉON-THÉÂTRE DE L'EUROPE**

Construit à la fin du XVIIIe s., c'est le premier « théâtre-monument » de la ville, inauguré en 1782 par la reine Marie-Antoinette. Après de nombreux changements de nom et deux incendies, le théâtre est toujours debout et accueille encore de nos jours de nombreuses représentations.

Pl. de l'Odéon, 75006 • M° Odéon • Loc. et résa au ☎ 01 44 85 40 40 • www.theatre-odeon.eu • Guichets : lun.-sam. 11h-18h • Spectacles de 14 à 40 €.

❸ LA PLACE ET L'ÉGLISE SAINT-SULPICE**

On se croirait en Italie sur cette vaste place, avec au centre la fontaine dite des « quatre points cardinaux » représentant les évêques Bossuet, Fénelon, Massillon et Fléchier ! À l'entrée, derrière la majestueuse façade Renaissance conçue par Servandoni, se cachent des bénitiers en coquille sculptés par Pigalle ; dans la chapelle des Saints-Anges, les fresques de Delacroix ; autour du chœur, des statues de Bouchardon.

T. l. j. 7h30-19h30.

❹ LA COUR DU COMMERCE-SAINT-ANDRÉ ET LA COUR DE ROHAN**

La cour du Commerce-Saint-André fut édifiée en 1776. Au n° 8,

Pause crèpes : Breizh Café

Le Breton Bertrand Larcher a bâti un petit empire de la crêpe au sarrasin, qui s'étend de Cancale au Japon en passant par Paris. Dans cette antenne idéalement amarrée au carrefour de l'Odéon, on savoure la devise de la maison : « la crêpe autrement ». Travaillée en rolls, picorée à l'apéritif accompagnée d'huîtres ou simplement garnie d'ingrédients haut de gamme, la galette exprime ici tout son potentiel, avec panache.

● 46 • 1, rue de l'Odéon, 75006 • ☎ 01 42 49 34 73 • www.breizhcafe.com • Lun.-ven. 11h30-23h, sam.-dim. 10h-23h • Galette complète : 10,50 € ; Breizh Rolls : dès 12,50 €.

Marat imprimait son journal *L'Ami du peuple* ; au n° 9, on construisit la première guillotine. Aujourd'hui, on y trouve surtout des salons de thé, mais aussi un passage qui communique avec la cour de Rohan. Là, on découvre des vestiges de la muraille de Philippe Auguste, un pas-de-mule pour monter sur les chevaux et un vieux puits.

Pl. Henri-Mondor ou rue de l'Ancienne-Comédie, 75006.

❺ L'ÉGLISE SAINT-GERMAIN-DES-PRÉS**

À l'angle du boulevard Saint-Germain et de la rue Bonaparte s'élevait l'abbaye romane Saint-Germain (XIe-XIIe s.), fondée au milieu du VIe s. par le roi mérovingien Childebert Ier et l'évêque de Paris, saint Germain. C'est autour de ce lieu de culte que le quartier s'est organisé au cours du Moyen Âge. L'église de l'abbaye, seule encore debout (clocher-porche, façade et déambulatoire), a servi de nécropole royale jusqu'à la construction de la basilique Saint-Denis. À l'intérieur, notez les colonnes de marbre du triforium qui proviennent du

Église Saint-Germain-des-Prés

Jardin du musée Eugène-Delacroix

premier édifice mérovingien. Dans la nef, les peintures murales réalisées en 1846 par Hippolyte Flandrin, un élève d'Ingres, ont été minutieusement restaurées.

3, pl. Saint-Germain-des-Prés, 75006 • ☎ 01 55 42 81 18 • www.eglise-saintgermaindespres.fr • T. l. j. 8h30 (9h30 lun. et dim.)-20h. Accueil touristique (hors juil.-août) mar. et jeu. 14h-17h30 ; visite guidée 3e dim. du mois à 15h.

6 CAFÉS ET CÉLÉBRITÉS À SAINT-GERMAIN★

Sur le boulevard Saint-Germain se succèdent des cafés renommés qui ont vu et voient toujours passer artistes, politiciens, intellectuels et célébrités. **Les Deux Magots** *(6, pl. Saint-Germain ☎ 01 45 48 55 25, www.lesdeuxmagots.com, t. l. j. 7h30-1h)* et le **Café de Flore** *(172, bd Saint-Germain ☎ 01 45 48 55 26, www.cafedeflore.fr, t. l. j. 7h30-1h30)* furent fréquentés autrefois par les écrivains Jean-Paul Sartre et Simone de Beauvoir. En face, à la **Brasserie Lipp** *(151, bd Saint-Germain ☎ 01 45 48 53 91, www.brasserielipp.fr, t. l. j. sf 24 et 25 déc. 9h-0h45)*, se retrouvaient les hommes politiques.

7 LE MUSÉE EUGÈNE-DELACROIX★★

Installé dans l'ancien appartement occupé par Eugène Delacroix jusqu'à sa mort, en 1863, le musée vous plonge dans le quotidien du peintre romantique. Après avoir découvert quelques toiles, visitez le jardin de 400 m² situé à l'arrière du bâtiment. Cet espace est essentiel, car il servait de source d'inspiration au peintre, surtout pour ses paysages et natures mortes. Le musée donne directement sur la jolie rue Furstemberg, qui a des allures de place de village avec son réverbère et son banc public.

6, rue de Furstemberg, 75006 • ☎ 01 44 41 86 50 • www.musee-delacroix.fr • Mer.-lun. 9h30-17h30 (21h chaque 1er jeu. du mois) ; f. 1er janv., 1er mai et 25 déc. • Entrée : 7 € • Billet jumelé Louvre-Delacroix : 15 €.

8 L'INSTITUT DE FRANCE**

Sous la coupole de Le Vau édifiée en 1663 se réunissent en séance solennelle les académiciens. L'Institut de France comprend l'Académie française, créée par Richelieu en 1635, l'Académie des inscriptions et belles-lettres (1663), l'Académie des sciences (1666), l'Académie des beaux-arts et l'Académie des sciences morales et politiques. Le jeudi, les académiciens se réunissent pour statuer sur le sort des mots devant figurer ou non dans le dictionnaire français...

23, quai de Conti, 75006 • ☎ 01 44 41 44 41 • www.institut-de-france.fr • Visites uniquement lors des Journées européennes du patrimoine.

9 LA MONNAIE DE PARIS**

La première usine ouverte dans Paris est toujours en activité ! Si les euros standards sont désormais frappés en Gironde, la manufacture historique de la Monnaie de Paris se charge toujours des productions d'art. Un parcours sensoriel permet de découvrir les secrets de fabrication des pièces, des monnaies anciennes, mais aussi d'appréhender des notions d'économie de manière ludique. Dans un tout autre registre, d'importantes expositions temporaires sont organisées, avec notamment des monographies d'artistes contemporains en vogue.

11, quai de Conti, 75006 • ☎ 01 40 46 56 66 • www.monnaiedeparis.fr • Mar.-dim. 11h-19h (21h le mer.) • Entrée : 12 € ; combiné avec expo temporaire : 14 € • Tarif réduit le 1er mercredi du mois entre 19h et 21h.

Café germanopratin

9 Du musée d'Orsay AUX INVALIDES

● Restos & bistrots p. 142 ● Bars, clubs & sorties p. 170 ● Boutiques p. 201

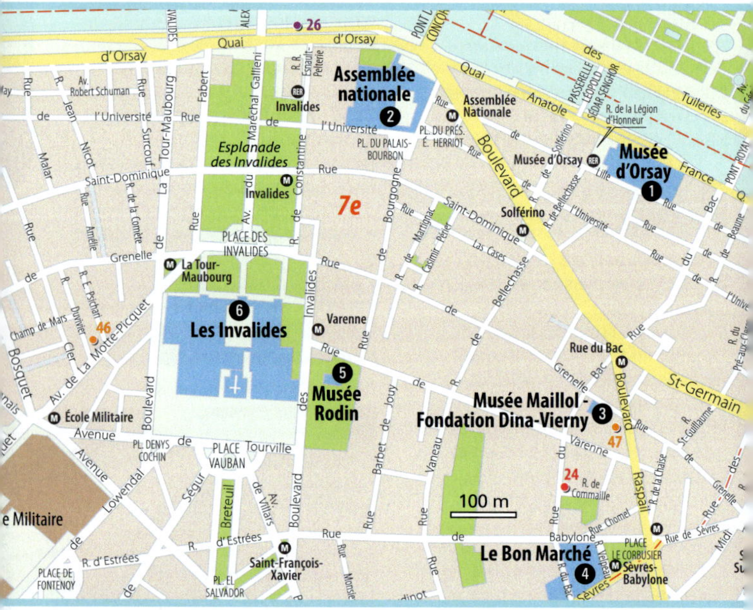

C'est le quartier calme et feutré des ministères, où il n'est pas rare après les séances à l'Assemblée nationale de croiser des hommes et des femmes politiques regagnant Matignon et la rue de Varenne. Les rues étroites sont bordées de beaux immeubles ou de hauts murs qui cachent des hôtels particuliers, mais aussi de grands jardins.

❶ LE MUSÉE D'ORSAY★★★

L'ancienne gare 1900, transformée en musée en 1986, est le temple des impressionnistes. Un écrin sublimé où l'on peut voir des toiles de Renoir, Manet, Monet, Cézanne, Van Gogh, Gauguin, mais aussi des sculptures de Rodin ainsi que du mobilier et des objets d'art du XIXᵉ s.

Le rez-de-chaussée

Architecture, accrochage, éclairages : une large part d'Orsay (7 000 m²) a fait peau neuve. Le rez-de-chaussée réunit les œuvres de l'école de Barbizon, de Corot et de Courbet, dont *L'Atelier du peintre*, et les courants symbolistes et idéalistes. Parmi les peintres majeurs exposés : Moreau, Gauguin, Vuillard, les Nabis, etc. Une salle est dédiée à Toulouse-Lautrec et à la vie nocturne, source d'inspiration inépuisable pour l'artiste.

Le niveau 2

Disparue en 2011, la fondatrice et première directrice d'Orsay, Françoise Cachin, a donné son nom à la galerie qui célèbre le postimpressionnisme, désormais séparé de l'impressionnisme. Les œuvres de Gauguin à Pont-Aven, de Van Gogh à Arles, mais aussi de Bonnard sont à voir. Superbes, *Le Cirque* du pointilliste Seurat et les sculptures de Rodin *(La Porte de l'Enfer)*, Bourdelle et Maillol.

La galerie des impressionnistes

Réorganisée par Jean-Michel Wilmotte et désormais dotée de couleurs chaudes, elle est le clou du musée, au niveau 5. La collection impressionniste d'Orsay compte parmi les plus riches du monde et permet de retracer l'histoire du mouvement depuis ses origines, dans les années 1860, jusqu'au XXᵉ s. Gares, bals, cafés, lieux de loisirs et d'industrie, les impressionnistes couchent sur la toile les transformations du monde moderne. On trouve notamment *Le Déjeuner sur l'herbe* de Manet, *Bal du moulin de la Galette* de Renoir, *Les Raboteurs de parquet* de Caillebotte...

62, rue de Lille, 75007 • Entrée par le 1, rue de la Légion-d'Honneur, 75007 • ☎ 01 40 49 48 14 • www.musee-orsay.fr • Mar.-dim. 9h30-18h (21h45 jeu.) ; f. 1er mai et 25 déc. • Entrée : 14 € avec accès aux expos temporaires • Billet combiné avec le musée de l'Orangerie : 18 € ; avec le musée Rodin : 21 €.

Les Invalides, p. 68

❷ L'ASSEMBLÉE NATIONALE**

Dans l'hémicycle de l'Assemblée nationale siègent les députés, qui discutent et votent les lois. Le palais Bourbon, construit en 1726 pour une fille légitimée de Louis XIV et de Mme de Montespan, fut confisqué à la Révolution. La façade de 1807 répond à celle de la Madeleine, de l'autre côté de la Seine.

33, quai d'Orsay, 75007 • ☎ 01 40 63 60 00 (10h-12h) • www.assemblee-nationale.fr • Visites guidées gratuites sur résa en ligne pour les groupes ; pièce d'identité obligatoire.

❸ LE MUSÉE MAILLOL - FONDATION DINA-VIERNY**

Dina Vierny, qui fut la muse et le modèle du sculpteur Aristide Maillol, a acheté l'immeuble dès 1955. Depuis 1995, il abrite un musée délicieux. À l'étage, on découvre les collections permanentes : peintures, dessins, sculptures de Maillol à Gauguin, de Bonnard à Kandinsky. Au rez-de-chaussée, des expositions temporaires célèbrent la peinture et la photo.

59-61, rue de Grenelle, 75007 • ☎ 01 42 22 59 58 • www.museemaillol.com • T. l. j. 10h30-18h30 (20h30 ven.) ; f. 1er janv. et 25 déc.) • Entrée : 13,50 €.

❹ LE BON MARCHÉ**

Décrit par Zola dans son roman *Au bonheur des Dames*, Le Bon Marché, créé en 1852 par Aristide Boucicaut et sa femme Marguerite, est le premier grand magasin de Paris. Dès 1869, on fait appel à Gustave Eiffel pour agrandir le lieu en utilisant pour la première fois une architecture métallique. On y vend toujours beaucoup, mais plus à bas prix ! Le Tout-Paris se bouscule à La Grande épicerie *(www.lagrandeepicerie.com, t. l. j. 8h30-21h)*, au rez-de-chaussée, pour dégoter des produits rares.

24, rue de Sèvres, 75007 • ☎ 01 44 39 80 00 • www.24s.com • Lun.-mer. et ven.-sam. 10h-20h, jeu. 10h-21h, dim. 11h-19h45.

❺ LE MUSÉE RODIN ET SON JARDIN***

C'est ici, dans le bel hôtel Biron, qu'habita Rodin à la fin de sa vie. Aujourd'hui, on y admire *La Porte de l'Enfer*, *Le Baiser*, des bronzes, des plâtres, mais aussi des œuvres de ses amis Monet, Renoir et Van Gogh. Dans le grand jardin, où est placé *Le Penseur*, se trouve une cafétéria où il fait bon déjeuner ou goûter.

77, rue de Varenne, 75007 • ☎ 01 44 18 61 10 • www.musee-rodin.fr • Mar.-dim. 10h-18h30 ; f. 1er jan., 1er mai et 25 déc. • Entrée : 12 € (4 € le jardin seul).

❻ LES INVALIDES***

C'est pour héberger les vétérans de ces armées que Louis XIV fit construire cet hôtel. Les blessés affluèrent dans le bâtiment dessiné par Libéral Bruant dès 1674. À la fin du XVIIe s., ils étaient 4 000 pensionnaires à vivre au rythme des offices religieux, exercices militaires et du travail dans des ateliers. Aujourd'hui encore, certains vétérans y reçoivent soins et gîte.

L'église du Dôme

C'est là que repose, depuis 1840, le tombeau en porphyre rouge de Napoléon Ier. Le Roi-Soleil fit appel à l'architecte Jules Hardouin-Mansart ainsi qu'à ses artistes de prédilection – comme Charles de La Fosse – pour la décoration de cette église dont le dôme culmine à 101 m de hauteur. Sa voisine, l'église Saint-Louis-des-Invalides, dite « église des soldats », est plus modeste et accueille la dépouille de grands chefs militaires.

Musées de l'Armée et des Plans-Reliefs

L'actuel siège de l'état-major de l'armée de terre abrite également deux musées retraçant l'histoire militaire du pays, de la Renaissance à la Seconde Guerre mondiale. Uniformes, armures et armes, maquettes des villes fortifiées françaises commandées par Louis XIV et Louis XV… des trésors autrefois classés secret-défense.

Pl. des Invalides, 75007 • ☎ 01 44 42 38 77 • www.musee-armee.fr • 1er avr.-31 oct. : t. l. j. 10h-18h ; 1er nov.-31 mars : t. l. j. 10h-17h ; f. 1er janv., 1er mai et 25 déc. ainsi que le 1er lun. de chaque mois sf juil.-sept. • Entrée : 12 €.

Pause gourmet : Beaupassage

Thierry Marx, Anne-Sophie Pic, Yannick Alléno, Pierre Hermé ou encore Nicole Barthélémy, ce passage animé d'œuvres d'art concentre certains des plus grands noms de la gastronomie française. Bonne nouvelle : étoilés et maîtres du bon goût y proposent des expériences qui ne font pas exploser le budget entre thé gourmand (Pierre Hermé, 9,50 €), fish & chips « dentelle » (Mersea, 14,90 €) et verrines inspirées (Daily Pic, dès 6 €).

● 49 • 53-57, rue de Grenelle, 75007 • www.beaupassage.fr • Passage ouv. t. l. j. 7h-minuit.

10 La tour Eiffel ET LE TROCADÉRO

● Restos & bistrots p. 142 ● Bars, clubs & sorties p. 171

Ce décor, planté en partie au cours des Expositions universelles de 1889 et 1937, offre un large panorama de l'architecture parisienne : la tour Eiffel, le palais de Chaillot, le musée du quai Branly - Jacques Chirac, le musée d'Art moderne ou le Palais de Tokyo... Du haut de ces bâtiments, la vue est remarquable ; entre eux coule la Seine.

❶ LA TOUR EIFFEL★★★

C'est en gagnant le concours organisé pour l'Exposition universelle qui allait se tenir sur le Champ-de-Mars en 1889 que Gustave Eiffel est entré dans la légende. Le cahier des charges était fou : il était question d'ériger une tour de 300 m, soit le plus haut monument du monde, deux fois plus élevé que les pyramides d'Égypte ! L'ingénieur parvint à dompter le grand ennemi de ce genre d'entreprises, le vent, et proposa une structure de métal assemblée par 2 500 000 rivets.

D'éphémère à icône

Le bail originel prévoyait un démontage de la tour après 20 ans, au grand soulagement de ses détracteurs comme Zola, Garnier ou encore Maupassant. C'est l'installation de divers outils d'observation scientifique, mais surtout d'un émetteur radio, qui sauva la Tour de la démolition. En 1985, un nouvel éclairage fit ressortir la beauté de la structure métallique. Aujourd'hui, elle scintille durant les cinq premières minutes de chaque heure (jusqu'à 1h en hiver, 2h l'été). Depuis 2018, une cloison de verre ceinture le parvis, mais il est encore possible de se balader sous les jupes de la Dame de fer sans billet.

Ascension

L'édifice se gravit via des escaliers (1 665 marches) ou des ascenseurs. En plus de l'impressionnant plancher de verre permettant une balade vertigineuse, le 1er étage est consacré à la découverte en profondeur du lieu et de son histoire. Le 2e étage est principalement dédié à la vue panoramique, sauf si vous avez réservé à la table gastronomique du restaurant *Le Jules Verne*, désormais piloté par Frédéric Anton. Au dernier niveau, vous trouverez une reconstitution du bureau de Gustave Eiffel, des panneaux d'orientation ainsi qu'un bar à champagne, pour une coupe

Tour Eiffel

Bassin du Trocadéro

avec Paris à vos pieds, à 276 m de haut (t. l. j. 10h15-22h15).

Accès par l'avenue Gustave-Eiffel Champ-de-Mars, 75007
• ☎ 01 44 11 23 23
• www.toureiffel.paris/fr
• T. l. j. 9h30-23h45, 18h30 escalier (9h-0h45 de mi-juin à fin août)
• Entrée : sommet ascenseur/escalier : 25,50 € : sommet escalier : 19,70 € ; 2e étage ascenseur : 16,60 € ; 2e étage escalier : 10,40 € • Billets escalier en vente uniquement sur place • Restaurant : résa ☎ 01 23 77 34 34 ou www.restaurants.toureiffel.com • T. l. j. 12h- 13h30 et 18h-21h30 ; f. 14 juil. soir • Menus : 190 € les 5 plats ; déjeuner : 105 €.

❷ LE PALAIS DE CHAILLOT (TROCADÉRO)**

Le palais de Chaillot, ou Trocadéro, fut construit par les architectes Azéma, Carlu et Boileau, pour l'Exposition universelle de 1937. Dans le plus pur style Art déco, deux grandes ailes arrondies descendent vers la Seine et encerclent l'esplanade des Droits-de-l'Homme, qui offre l'un des plus beaux panoramas de Paris sur la tour Eiffel et les fontaines du jardin du Trocadéro.

Un concentré de culture

Le palais abrite le théâtre de Chaillot avec une programmation basée essentiellement sur la danse contemporaine (☎ *01 53 65 30 00, lun.-ven. 11h-18h, sam. 14h30-18h, www.theatre-chaillot.fr)* ainsi que trois musées. La **Cité de l'architecture et du patrimoine** permet une plongée en profondeur dans la richesse du patrimoine bâti français, notamment via des maquettes et des empreintes d'éléments issus des plus grands monuments nationaux. Le **musée de l'Homme** se considère comme un laboratoire de l'humanité et s'intéresse aux origines de l'homme

Pause burger gourmet : Baāgaā Burger

Ici, vous dégusterez un burger cuisiné avec une viande de bœuf *wagyu*, une race japonaise réputée pour sa finesse et son goût légèrement beurré. La même exigence de qualité est apportée au choix du pain de l'artisan boulanger J.-L. Poujauran, et les frites faites maison sont tout aussi délicieuses.

● 52 • 54, rue de Longchamp, 75116 • ☎ 01 85 09 13 30 • www.baagaa-burger.com • Lun.-jeu. 12h-22h30, ven.-dim. 12h-23h • Formule midi : 15 €.

et aux évolutions de l'espèce dans ses dimensions biologiques, sociales et culturelles. Le **musée de la Marine** est quant à lui fermé jusqu'au printemps 2022.

1 pl. du Trocadéro-et-du-11-novembre, 75116 • Cité de l'architecture : ☎ 01 58 51 52 00 • www.citedelarchitecture.fr • Mer.-lun. 11h-19h (21h jeu.) • Entrée : 8 € (12 € avec expo temporaire) • Musée de l'Homme : ☎ 01 44 05 72 72 • Mer.-lun. 11h-19h • Entrée : 10 € (12 € avec expo temporaire).

❸ LE MUSÉE GUIMET***

La collection d'Émile Guimet, à l'origine du musée, fut complétée au fil des ans par des donations et des acquisitions, qui font de ce musée d'Art asiatique l'un des plus riches au monde. On y lit le rayonnement de l'art chinois et l'importance de l'art indien. Mandalas tibétains, objets du Népal, peintures japonaises et coréennes, porcelaine chinoise, c'est un grand voyage au cœur des civilisations de l'Asie centrale et de l'Extrême-Orient.

6, pl. d'Iéna, 75016 • ☎ 01 56 52 54 33 • www.guimet.fr • Mer.-lun. 10h-18h ; f. des salles à 17h45 veille de j. f. ; f. 1er mai, 25 déc., 1er janv. • Entrée : 8,50 € (11,50 € avec expos temporaires ; gratuit le 1er dim. du mois).

❹ LE PALAIS GALLIÉRA**

On connaissait le palais Galliéra pour ses expositions événements liées à la mode. Elles sont de retour dans un cadre rénové depuis l'automne 2020. Le musée a également trouvé le moyen de valoriser sa riche collection de costumes, accessoires, croquis et photos. 700 m² du rez-de-jardin ont été aménagés pour accueillir un parcours retraçant l'histoire de la mode, du XVIIIe s. à nos jours. L'ouverture de cette exposition permanente est normalement prévue pour juin 2021.

10, av. Pierre-Ier-de-Serbie, 75116 • ☎ 01 56 52 86 00 • www.palaisgalliera.paris.fr • Mar.-dim. 10h-18h (21h le jeu.) • Entrée : 14 €.

❺ LE MUSÉE YVES SAINT LAURENT*

C'est dans l'hôtel particulier historique qui vit naître près de 30 années de créations (1974-2002) d'Yves Saint Laurent qu'a été ouvert ce parcours mêlant découverte du couturier, de la grande maison qu'il a créée, mais aussi de l'histoire de la mode du XXe s. et de ses looks. Pour des raisons de conservation, le musée se plie tels les podiums au renouvellement de ses collections au fil des saisons, offrant régulièrement de nouvelles découvertes.

Musée Yves Saint Laurent Paris • 5, avenue Marceau, 75116 • ☎ 01 44 31 64 00 • museeyslparis.com • Entrée : 10 € • Mar.-dim. 11h-18h (21h le ven.)

❻ LE MUSÉE D'ART MODERNE ET LE PALAIS DE TOKYO***

Deux espaces dédiés à l'art cohabitent dans ce vaste bâtiment Art déco, construit pour l'Exposition universelle de 1937.

Le musée d'Art moderne

Au nº 11 de l'avenue du Président-Wilson, le musée d'Art moderne appartient à la Ville de Paris et ne doit pas être confondu avec le centre Pompidou, qui, sous un autre nom, vécut entre ces murs de 1947 à 1977. Le MAM est né de la volonté de scinder les fonds du Petit Palais. Sa collection permanente de plus de 8 000 œuvres représente la plupart des courants importants de l'art européen du XXe s. Parmi les pièces majeures, notons la présence de la monumentale *Fée Électricité* de Dufy, installée dans l'ancienne salle d'honneur, concave. Le musée organise régulièrement d'ambitieuses rétrospectives d'artistes confirmés ainsi que des expositions prospectives de jeunes talents.

Le Palais de Tokyo

Au nº 13, le palais de Tokyo, qui se réclame du titre d'« anti-musée », est le plus grand centre d'art contemporain d'Europe. Conçu à la fois comme un observatoire et un laboratoire de la création contemporaine, il est en perpétuelle évolution, au fil de ses expos temporaires. Le centre s'efforce de rendre l'art contemporain accessible à toutes les curiosités, via notamment des ateliers, visites et conférences pour petits et grands. Explorant tous les supports d'expression, le lieu s'est dernièrement ouvert à la réalité virtuelle.

Musée d'Art moderne : 11, av. du Président-Wilson, 75016 • ☎ 01 53 67 40 00 • www.mam.paris.fr • Collections permanentes : mar.-dim. 10h-18h ; f. j. f. • Accès libre • Expositions temporaires : mar.-dim. 10h-18h (22h jeu.) • Entrée : 5 à 12 € selon expos

Palais de Tokyo : 13, av. du Président-Wilson, 75016 • ☎ 01 81

97 35 88 • www.palaisdetokyo.com • Mer.-lun. 12h-minuit ; f. 1er janv., 1er mai et 25 déc. • Entrée : 12 €.

Palais de Tokyo

7 LE MUSÉE DU QUAI BRANLY - JACQUES CHIRAC***

Dix ans furent nécessaires pour que ce musée, dont l'architecture a été conçue par Jean Nouvel, sorte de terre. Un parcours géographique vous fera découvrir les arts et les civilisations d'Afrique, d'Océanie, d'Asie et des Amériques à travers plus de 3 500 œuvres exposées.

Le bâtiment et le jardin

Tout commence par un grand mur végétal le long de la Seine, puis une paroi de verre qui protège des vents le jardin « animiste » entourant le musée. Des sentiers serpentent entre les collines et les graminées, dévoilent des pierres de torrent, des incrustations d'insectes dans des cabochons de verre, et nous mènent vers le musée monté sur pilotis. Des boîtes colorées émergent de la façade pour créer à l'intérieur de petites salles aux allures mystérieuses.

Les collections

La visite ondule entre les continents. Le sol est rouge, vous êtes en Océanie, avec des masques de Mélanésie, un étonnant poisson-reliquaire des îles Salomon, ou encore des parures en or provenant de l'Insulinde, sans oublier les peintures aborigènes sur écorce. Le sol est orange, vous êtes en Asie, avec de remarquables textiles réalisés par des minorités chinoises, comme les Miao. Le sol est jaune, vous êtes en Afrique, avec ses statuettes magiques, ses masques, ses cimiers de danse. Le sol est bleu, vous êtes aux Amériques, avec la tradition inuite, les parures de plumes des peuples amazoniens, les sculptures tainos des Antilles précolombiennes et les œuvres mayas, olmèques ou aztèques...

37, quai Branly ou 206 et 218, rue de l'Université, 75007 • ☎ 01 56 61 70 00 • www.quaibranly.fr • Musée : mar.-dim. 10h30-19h (22h jeu), lun. pendant les vacances scolaires 10h30-19h • Entrée : 12 € (avec expos temporaires) • Jardin : mar.-dim. 9h15-19h30 (21h15 jeu.-ven.) • Accès libre.

11 L'Arc de triomphe ET LES CHAMPS-ÉLYSÉES

● Restos & bistrots p. 143 ● Bars, clubs & sorties p. 171 ● Boutiques p. 201

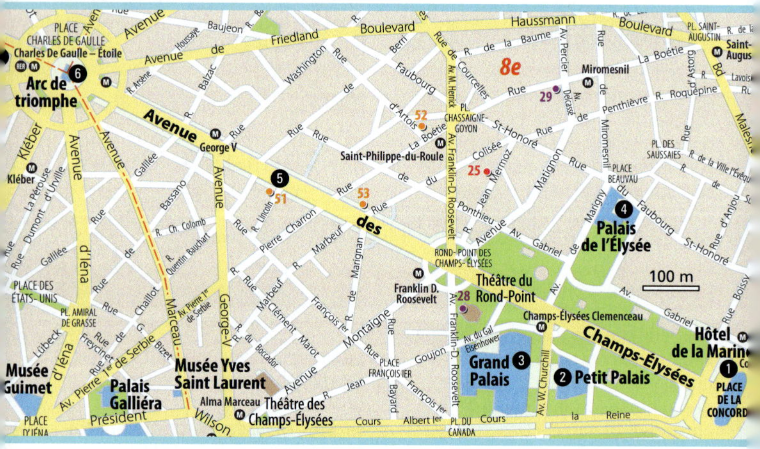

À la fin du XVIIe siècle, les Champs-Élysées n'étaient qu'un terrain vague sur lequel Le Nôtre fit planter des arbres pour prolonger la perspective des Tuileries. Sous le Second Empire, on s'y montrait dans un défilé incessant de voitures à cheval. Les femmes exhibaient leurs toilettes et leurs bijoux. Aujourd'hui plus populaire, bordée de cinémas et de galeries marchandes, l'avenue fait partie de la fameuse perspective historique qui relie le Louvre au quartier de la Défense.

❶ LA PLACE DE LA CONCORDE★★★

Les *Chevaux de Marly*, sculptés par Coustou au XVIIIe s., vous accueillent sur la place de la Concorde. Ange-Jacques Gabriel l'aménagea entre 1755 et 1775, et la borda au nord par deux bâtiments abritant l'hôtel Crillon et l'**hôtel de la Marine,** dont l'ouverture publique est prévue pour le printemps 2021. Elle fut « complétée » par Hittorff au XIXe s. C'est là, près du jardin des Tuileries, que furent guillotinés Louis XVI et Marie-Antoinette.

Au centre s'élèvent l'obélisque du temple de Louxor offert par l'Égypte en 1831, deux fontaines représentant la navigation fluviale et maritime, et huit statues de villes françaises.

Place de la Concorde

❷ LE PETIT PALAIS**

Pendant du Grand Palais, construit par Charles Girault pour l'Exposition universelle de 1900, le Petit Palais abrite depuis 1902 le musée des Beaux-Arts de la Ville de Paris. Ses collections offrent un large éventail de la création artistique depuis l'Antiquité jusqu'au XXe s., avec pour point fort le XIXe s. représenté par Ingres, Delacroix, Courbet, Carpeaux, Cézanne, les peintres de Barbizon et des impressionnistes. Dans le jardin intérieur, un agréable café-restaurant. Face au bâtiment, vous trouverez le controversé bouquet de tulipes offert à la ville par Jeff Koons.

Av. Winston-Churchill, 75008 • ☎ 01 53 43 40 00 • www.petitpalais.paris.fr • Mar.-dim. 10h-18h (21h ven. pour les expos temporaires ; f. j. f.) • Accès libre, sf expos temporaires.

❸ LE GRAND PALAIS**

Ce bâtiment de pierre, de fer et de verre, de 240 m de long et 45 m de haut, fut édifié pour l'Exposition universelle de 1900. Il est consacré à la « gloire de l'art français », et les plus grands artistes du XXe s. y exposèrent. Impossible de contempler la magnifique nef de l'intérieur pour l'instant ; le bâtiment est en travaux jusqu'en 2024. Un Grand Palais éphémère signé Jean-Michel Wilmotte sera érigé sur le Champ-de-Mars début 2021 pour abriter les évènements majeurs tels que la FIAC.

3, av. du Général-Eisenhower, 75008 (entrée public : nef du Grand Palais, porte H, av. Winston-Churchill) • ☎ 01 44 13 17 17 • www.grandpalais.fr • Fermé pour travaux jusqu'en 2024.

Pause pique-nique chic : Food Court Galeries Lafayette

Au sous-sol du bâtiment Art déco des Galeries Lafayette des Champs-Élysées se cache une « cantine gourmande » accueillant une fine sélection d'artisans de bouche haute couture, idéale pour manger sur le pouce avec style. Panachez votre plateau entre pâté croûte du Comptoir Vérot, vins naturels de Yard, pâtisseries de Stohrer ou encore salades et propositions sans gluten de Maisie Café.

● 00 • Galeries Lafayette Champs-Elysées • 60, av. des Champs-Elysées, 75008 • ☎ 01 83 65 61 35 • www.foodcourt.galerieslafayettechampselysees.com • T. l. j. 11h-21h.

❹ LE PALAIS DE L'ÉLYSÉE★★

Le long de l'avenue de Marigny se cache le palais de l'Élysée. Premier hôtel particulier construit « hors les murs », dans les pâturages du faubourg Saint-Honoré, il connut d'illustres propriétaires, comme la marquise de Pompadour. En 1848, il fut assigné au président de la République et devint en 1873 le palais officiel des chefs de l'État. Lors des Journées du patrimoine (le 3e w.-e. de septembre), il ouvre ses portes ; mais armez-vous de patience, l'attente est très longue...

55, rue du Faubourg-Saint-Honoré, 75008 • ☎ 01 42 92 81 00.

❺ L'AVENUE DES CHAMPS-ÉLYSÉES★★

Autrefois lieu de promenade, de spectacles et de fête, la « plus belle avenue du monde » s'est tournée vers le shopping. Prenez une portion des Champs, reliez-la aux avenues Montaigne et George-V et vous obtiendrez l'élitiste « Triangle d'or », où se concentrent boutiques de luxe et hébergements haut de gamme. Sur le reste de l'artère se sont installés les *flagships* de marques plus grand public comme Disney (n° 44), Nike et ses nouveaux 4 500 m² d'exposition (n° 79), H&M, dans un espace façonné par Jean Nouvel (n° 82-88) ou encore L'Occitane avec son bar à crèmes et les desserts fleuris signés Pierre Hermé (n° 86). Au n° 60, les Galeries Lafayette se sont offert une seconde antenne parisienne, dans un superbe immeuble Art déco.

❻ L'ARC DE TRIOMPHE★★★

En 1806, Chalgrin en dessina les plans pour Napoléon Ier, mais les travaux ne furent achevés qu'en 1836, par Louis-Philippe. Sous cet arc de 50 m, orné de hauts-reliefs, dont *La Marseillaise*, brûle la flamme du Soldat Inconnu, en mémoire des soldats morts au combat. Il domine le départ des 12 avenues percées par Haussmann. C'est sur cette tombe que le général de Gaulle choisit de se recueillir après la Libération de Paris. Le monument est aujourd'hui le lieu des cérémonies officielles du 14 Juillet et du 11 Novembre.

La plate-forme et le musée

En accédant au sommet de l'Arc, on peut admirer l'alignement que forment la Grande Arche, les Champs-Élysées et la place de la Concorde. Un musée présente à l'aide d'outils multimédias des explications sur la construction de l'Arc de triomphe, sur l'histoire des arcs dans le monde, leur symbolique et leur rôle commémoratif.

Pl. Charles-de-Gaulle, 75008
• ☎ 01 55 37 73 77
• www.paris-arc-de-triomphe.fr
• Oct.-mars : t. l. j. 10h-22h30 (16h30 les 24 et 31 déc.) ; avr.-sept. : t. l. j. 10h-23h ; f. 1er janv., 1er mai, 8 mai matin, 14 juil. matin, 11 nov. matin et 25 déc.
• Résa obligatoire
• Entrée : 13 €.

7 LA DÉFENSE**

La Grande Arche qui, au loin, répond à l'Arc de triomphe est celle de la Défense. Implantée au cœur du plus grand quartier d'affaires d'Europe, elle offre une belle vue sur la ville depuis son sommet *(1, parvis de la Défense, www.lagrandearche.fr ; t. l. j. 10h-19h ; entrée : 15 €)*. Les touristes amateurs d'architecture moderne, mais aussi d'art, suivront le parcours jalonné de 70 œuvres d'artistes tels César, Calder, Miró ou encore Caro (www.ladefense.fr).

Arc de Triomphe

12 De la Madeleine À L'OPÉRA

● Restos & bistrots p. 144 ● Boutiques p. 201

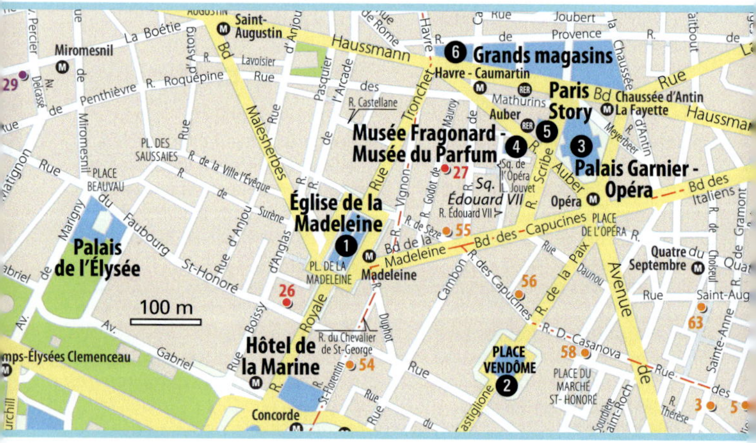

Entre la place de la Madeleine, la place Vendôme et celle de la Concorde, Paris étale sa richesse architecturale et son savoir-faire en matière de luxe. La très chic rue Royale n'était, à une époque, qu'un sentier au milieu d'un marais, et le faubourg Saint-Honoré un terrain vague ! C'est la construction de grandes places qui amorça le développement de la ville vers le nord.

❶ L'ÉGLISE DE LA MADELEINE*

Que de tribulations pour cette église qui, commencée en 1763, ne sera achevée qu'en 1842 et verra ses plans évoluer, ses travaux interrompus par la Révolution, sa fonction modifiée, passant du statut d'église à celui de temple et vice versa. Finalement, elle est en parfait accord avec le palais Bourbon, situé dans la perspective de la rue Royale. Pour la petite histoire, la Marie-Madeleine représentée à droite sur le fronton du Jugement dernier choqua par son « œil ardent » et ses « vêtements impudiques ».

Pl. de la Madeleine, 75008

• www.eglise-lamadeleine.com
• T. l. j. 9h30-19h.

❷ LA PLACE VENDÔME***

Jules Hardouin-Mansart, célèbre architecte de Versailles, réalisa cette somptueuse place octogonale entre 1685 et 1699. En 1804, Napoléon fit fondre 1 200 canons pris à l'ennemi lors de la bataille d'Austerlitz, et éleva une colonne similaire à celle de Trajan à Rome, mais célébrant cette fois les hauts faits de la Grande Armée. Aujourd'hui, les plus grands joailliers (Chaumet, Boucheron, Cartier, etc.) se sont donné rendez-vous ici. Elle abrite aussi le prestigieux hôtel Ritz et le ministère de la Justice.

❸ LE PALAIS GARNIER - L'OPÉRA***

Ce fut Charles Garnier, jeune architecte alors inconnu, qui remporta le concours lancé par Napoléon III pour l'édification d'un nouvel Opéra. L'inauguration eut lieu en 1875. Le plafond de la salle

Pause terroir contemporain : Maison Plisson

Quand Delphine Plisson a décidé de passer de la mode à l'alimentation, elle a directement tapé dans la haute couture avec une rigoureuse sélection de produits respectueux de la Terre et des palais. Tout comme son homologue du boulevard Beaumarchais (n° 93), cet établissement mêle épicerie et restaurant célébrant le terroir. Bonus : la délicieuse terrasse sur la place du Marché-Saint-Honoré !

● 60 • 35, pl. du Marché-Saint-Honoré, 75001 • ☎ 01 71 18 19 09 (pas de résa) • www.lamaisonplisson.com • Lun.-ven. 8h30-21h, sam. 9h30-21h, dim. 9h30-20h • Salade César : 17 € ; formule midi semaine : 26 €.

Musée Fragonard

de spectacles est recouvert d'une magnifique fresque de Chagall évoquant les plus grands opéras et ballets. Le lieu peut être visité en journée. Pour écouter un opéra à petit prix, achetez les tickets à 10 € vendus sur place le jour même (visibilité nulle ou réduite).

Pl. de l'Opéra, 75009 • ☎ 08 92 89 90 90 • www.operadeparis.fr • T. l. j. 10h-16h30 (18h de mi-juil. à fin août) • Visites libres (14 €) ou visites guidées (17 €) en français t. l. j. 11h30 et 15h30 (+ 14h vac. scolaires) • Si la salle de spectacles est fermée à cause d'une répétition, un tampon sur votre billet vous permet de revenir quand vous voulez • Rés. spectacle, en ligne ou au guichet de 10h à 18h30.

❹ MUSÉE FRAGONARD - MUSÉE DU PARFUM*

La parfumerie Fragonard a créé un espace muséal libre d'accès permettant de découvrir les secrets de fabrication de jus précieux, depuis la matière première jusqu'au flaconnage en passant par le travail des nez. Il est enrichi par la collection d'objets liés à la parfumerie réunie par Jean-François Costa. Envie de créer votre propre parfum ? Inscrivez-vous aux ateliers organisés tous les samedis (95 €, 1 h 30).

3-5, square Louis-Jouvet, 75009 • ☎ 01 40 06 10 09 • http://musee-parfum-paris.fragonard.com • Lun.-sam. 9h-18h • Entrée libre.

❺ PARIS STORY**

Que diriez-vous de survoler les plus beaux monuments de Paris et d'en apprendre plus sur l'Histoire de la ville ? Foncez à Paris Story, une salle de cinéma située à côté de l'Opéra Garnier. Le film projeté combine des images historiques et des séquences aériennes, filmées par Yann Arthus-Bertrand et commentées par l'acteur Jean Reno, tout en révélant secrets et endroits insolites de la capitale.

11 bis, rue Scribe, 75009 • ☎ 01 42 66 62 06 • www.paris-story.com • Lun.-sam. à chaque heure 10h-17h • Entrée : 10 €.

❻ LES GRANDS MAGASINS**

L'histoire des grands magasins parisiens s'est d'abord écrite rive gauche, au Bon Marché (p. 68), mais c'est sur le boulevard Haussmann qu'elle eut le plus grand retentissement. C'est le **Printemps** (alors magasin de tissu) qui flaira l'opportunité de s'installer dans ce quartier encore peu urbanisé, en 1865. Il fut rejoint en 1894 par les **Galeries Lafayette.** Tous deux bénéficiaires d'une clientèle élégante attirée par la qualité des produits et par leur présentation, ils grandirent à mesure que l'attrait pour l'artère se développait. Entre deux achats et essayages, admirez les éléments d'architectures Art nouveau, notamment les incroyables coupoles de verre, et grimpez sur la terrasse de l'une des deux enseignes pour profiter d'une belle vue sur la ville. En cas de faim, visitez Gourmet, le *food court* des « Galeries », installé en face au n° 35.

Printemps : 64, bd Haussmann, 75009 • ☎ 01 42 82 50 00 • www.printempsfrance.com • Lun.-sam. 9h35-20h (20h45 le jeu), dim. 11h-19h.

Galeries Lafayette : 40, bd Haussmann, 75009 • ☎ 01 42 82 34 56 • haussmann.galerieslafayette.com • Lun.-sam. 9h30-20h30, dim. 11h-20h.

Galeries Lafayette

13 Les Grands Boulevards ET LES PASSAGES

● Restos & bistrots p. 146 ● Bars, clubs & sorties p. 171 ● Boutiques p. 202

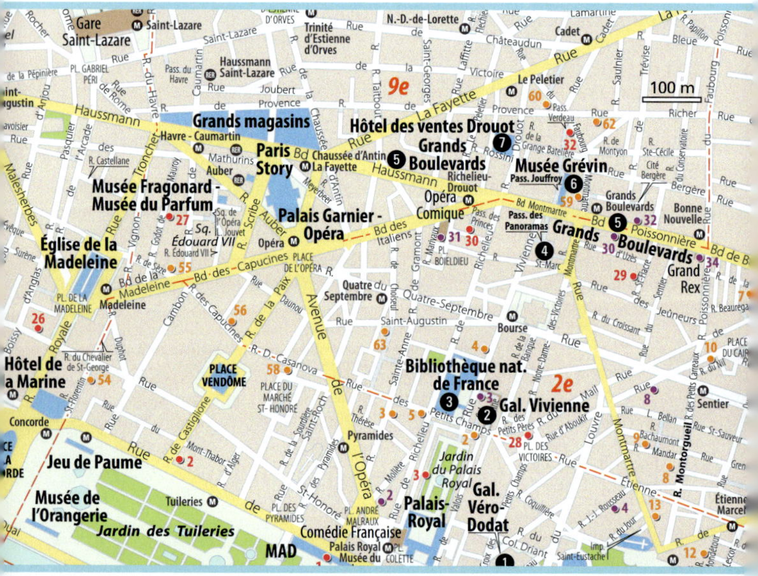

C'est le Paris de Napoléon III et des grands projets architecturaux, celui des travaux d'Haussmann, du commerce qui bat son plein. C'est aussi celui d'un long dédale de passages discrets où l'on échappe aux bruits des boulevards et caprices de la météo pour plonger dans un univers délicatement suranné.

❶ LA GALERIE VÉRO-DODAT★★★

Un dallage quadrillé de noir et de blanc, des vitrines courbes encadrées de cuivre, des pilastres habillés de miroirs : le passage Véro-Dodat compte parmi les plus beaux de Paris ! Il fut ouvert en 1826 et ses boutiques faisaient alors le bonheur des voyageurs qui attendaient la diligence. On y flâne

le long des vitrines des antiquaires, des galeries et des éditeurs d'art.
19, rue Jean-Jacques-Rousseau, 75001 • Lun.-sam. 7h-22h.

❷ LA GALERIE VIVIENNE★★★

Construite en 1823 dans un style pompéien néoclassique qui célèbre le commerce par ses fresques, ses mosaïques et ses sculptures, la galerie Vivienne a gardé sa fonction et retrouvé son faste d'antan. Avec ses boutiques de mode (dont celle d'Alexis Mabille), les compositions florales d'Emilio Robba ou les speakers de luxe d'Aïzea, le passé se conjugue aussi au présent. Pour l'anecdote, en 1970, Kenzo fait sensation en y organisant son premier défilé à Paris et y ouvre sa première boutique, Jungle Jap.
Entrées : 4, rue des Petits-Champs, 5, rue de la Banque et 6, rue Vivienne, 75002 • www.galerie-vivienne.com • T. l. j. 8h30-20h30.

❸ LA BIBLIOTHÈQUE NATIONALE DE FRANCE★★

Le site Richelieu est le berceau historique de la BNF. Créée au XIVe s. dans la tour du Louvre, la bibliothèque royale s'agrandit sous François Ier. Depuis l'ouverture du site François-Mitterrand, elle conservait les départements des cartes et plans, des estampes et photographies, des arts du spectacle, des manuscrits, des monnaies, des médailles et des antiques. Depuis 2016, le site Richelieu regroupe la Bibliothèque nationale de France, les bibliothèques de l'Institut national d'histoire de l'art (INHA) et de l'École nationale des chartes. Il devient ainsi le plus grand pôle de documentation du monde dans les domaines de l'art, de l'archéologie et du patrimoine. À voir, la Rotonde des arts du spectacle, restaurée dans son décor

Bibliothèque Nationale de France

d'origine. Elle offre une perspective sur la galerie Auguste-Rondel, où est conservée la collection des Arts du spectacle, et sur sa nouvelle salle de lecture.

58, rue de Richelieu, 75002 • ☎ 01 53 79 59 59 (serveur vocal) • www.bnf.fr • Lun.-sam. 10h-18h ; f. j. f. et 2 sem. en sept. • Expos : mar.-sam. 10h-19h, dim. 13h-19h ; f. 2 sem. en sept. • Entrée : 9 € • Travaux de rénovation jusqu'à l'été 2022 (accès 5, rue Vivienne) ; tous les départements restent accessibles.

❹ LES PASSAGES DES PANORAMAS ET JOUFFROY**

Le passage des Panoramas est l'un des plus anciens de la capitale. Ouvert en 1800, il doit son nom aux « panoramas », ces tableaux en trompe-l'œil représentant des paysages réalistes, qui étaient installés dans deux rotondes reliées par le passage.

Pour comprendre la concurrence qui faisait rage entre les passages au XIXe, il faut traverser le boulevard et rejoindre le passage Jouffroy. Cela ne frappe pas le regard à l'heure de la domotique, mais ce voisin ouvert un demi-siècle plus tard était à la pointe de la technologie. Il gagna les faveurs de l'époque en affichant un confort nouveau avec des volumes plus amples, mais surtout... un chauffage au sol !

Passage des Panoramas : entrée par le 11, bd Montmartre, 75002 • T. l. j. 6h-minuit.

Musée Grévin

Passage Jouffroy : entrée par le 10-12, bd Montmartre, 75009 • Lun.-sam. 8h30-19h30, dim. 10h-19h.

❺ LES GRANDS BOULEVARDS*

Vers 1750, le « boulevard », cette grande promenade bordée d'arbres aménagée à l'emplacement des murailles de l'enceinte de Charles V, connaît un franc succès. Du palais Garnier à République, la bourgeoisie chic et à la mode s'y montre et s'y amuse : théâtre, cirque, bals, etc. L'esprit « boulevard » était né !

❻ LE MUSÉE GRÉVIN*

Inauguré en 1882, fruit d'une collaboration entre le journaliste Arthur Meyer et le caricaturiste Alfred Grévin, le musée Grévin et ses personnages de cire n'est

pas figé. Il s'est offert un lifting en 2019 et mise désormais sur les expériences (principalement des mises en scènes photogéniques) variées faites de selfies avec des stars sur tapis rouge. Visitez la planète du Petit Prince, faites la passe à Messi ou défilez sur les Champs avec le général de Gaulle.
10, bd Montmartre, 75009 • ☎ 01 47 70 85 05 • www.grevin-paris.com • Lun.-ven. 10h-18h, sam.-dim. et j. f. 9h30-19h • Entrée : 24,50 € (tarifs réduits en ligne).

7 LE QUARTIER DROUOT★★

L'**hôtel des ventes Drouot** est un lieu emblématique du marché de l'art international depuis 1852 et la plus importante salle des ventes de France. Le public peut assister en spectateur, enchérir et acheter des objets. Autour, rue de Provence, rue de la Grange-Batelière, passage Verdeau et rue Rossini, s'est créé un quartier d'antiquaires.
9, rue Drouot, 75009 • Entrée libre • Lun.-ven. 11h-18h (21h jeu.).

Pause engagée : Joyeux

L'adresse qui fait la différence, ou plutôt qui la célèbre ! Le service de ce café joliment implanté en bordure du passage Choiseul est assuré par des personnes porteuses de handicaps mental et cognitif. Et si le mantra du lieu est que nul n'est parfait, le menu se révèle pourtant sans concession : café bien torréfié (2 €), assiettes de produits simples et frais, etc.

● 66 • 23, rue Saint-Augustin, 75002 • www.joyeux.fr • Lun. 9h-15h, mar.-ven. 9h-18h, sam. 11h-18h • Quiche : 6 € ; plat du jour : 10 €.

À L'OMBRE des passages

Traversant les maisons avec désinvolture, se faufilant discrètement d'une rue à l'autre, ce type de passages est une invention parisienne. La Restauration et la monarchie de Juillet, spéculation immobilière aidant, en ont fait une mode. On s'y promène, on s'y donne rendez-vous. Aujourd'hui, ces endroits au charme suranné sont pris d'assaut par les boutiques de mode, les salons de thé et les galeries d'art. D'autres, comme le passage Brady, mini-enclave indienne dans la ville, offrent un visage beaucoup plus populaire.

Galerie Vivienne

Le prince promoteur

En 1785, **le duc d'Orléans,** apparemment à court d'argent, loua à des **commerçants parisiens** les arcades qu'il avait fait construire dans son jardin du **Palais-Royal :** les galeries de Montpensier, de Beaujolais, de Valois, des Proues et du Jardin. Plus tard, il fit aussi relier la galerie de Montpensier à la galerie de Valois par un pont de bois qui se couvrit aussitôt de **boutiques.** Le « passage » était né. Après la Révolution, spéculateurs et promoteurs en reprirent l'idée pour en édifier sur les terrains que la revente des biens nationaux venait de libérer.

Les beaux jours

Les galeries Vivienne, Colbert et Véro-Dodat ouvrirent en 1826. Aux plafonds percés de simples lucarnes de verre succédaient les verrières ; la vitrine s'élargissait, libérée de ses montants de bois ; la fonte apparaissait et lui donnait une solidité nouvelle. Le gaz, dès 1817, éclairait les passages, qui brillaient de mille feux. **La foule s'y pressait,** attirée par les restaurants et les cafés, les librairies et les cabinets de lecture, les pâtisseries et les confiseries. On ne comptait plus les modistes et les couturières. La bourgeoisie dépensait sans compter et venait danser les soirs de bal.

Le déclin

Une fois au pouvoir, Louis-Philippe mit fin à la prostitution et aux maisons de jeu pullulant dans les jardins du Palais-Royal, que l'on déserta peu à peu. Pour les autres passages, ce fut le coup de grâce. **L'urbanisation de la capitale** sous Napoléon III, la pression foncière et la modernisation déplacèrent les centres d'intérêt de Paris, et **les passages se démodèrent.**

L'oubli

Le temps passait. Au début des années 1960, dans **l'indifférence générale,** la verrière de la galerie Vivienne s'effondrait sous le poids de l'ouvrier qui la réparait ; la galerie Colbert servait d'entrepôt, et sa rotonde... de parking ! Finalement, dans les années 1980, la mode s'installa place des Victoires et dans les rues avoisinantes. Tout un monde à l'affût de nouveauté redécouvrit le charme de ce quartier de Paris et ses passages couverts.

Le temps retrouvé

On flâne de nouveau dans les passages enfin rénovés. Des boutiques de mode et de décoration ont pris la place des petits commerces, que Balzac décrivait dans les *Illusions perdues,* près des quelques libraires, brocanteurs ou artisans qui avaient réussi à survivre. Les cafés ont retrouvé leur clientèle, d'autres ont ouvert leurs portes. Une foule de stylistes, de couturiers, de publicitaires, de journalistes et de tous ceux qui gravitent autour s'y donnent rendez-vous, renouant ainsi avec **une tradition que l'on croyait définitivement perdue.**

PASSAGES, MODE D'EMPLOI

Pour la déco, la mode, les bouquins, on va **galerie Vivienne** (voir p. 85). Le **passage Choiseul** offre un doux pêle-mêle, du prêt-à-porter à la téléphonie, des posters et affiches aux jouets. Coups de cœur chics et mode, on trouve brocante, antiquités, maroquinerie ou édition dans la **galerie Véro-Dodat** (voir p. 84). Le **passage des Panoramas,** entre la rue Saint-Marc et le boulevard Montmartre, vaut le coup d'œil, et c'est un repaire de bonnes adresses pour manger ou boire un café. Les amateurs d'authentiques trouvailles iront **passage Jouffroy.** Les collectionneurs flâneront **passage Verdeau** à la recherche, notamment, de dessins, de gravures, de cartes postales anciennes ou de vieux bouquins.

www.passagesetgaleries.org

14 Montmartre, Pigalle ET LE SACRÉ-CŒUR

● Restos & bistrots p. 147 ● Bars, clubs & sorties p. 175 ● Boutiques p. 204

Montmartre a des allures de village animé jusque tard dans la nuit. On prie sur la Butte depuis le Moyen Âge mais on y célèbre aussi, dès le XIXe siècle, la vigne, le vin, la musique et les arts dans les guinguettes et autres cabarets. Aujourd'hui, l'esprit bohème n'est plus ce qu'il était, mais le bas Montmartre offre une vie de quartier réjouissante, diablement parisienne, et une multitude de troquets et boutiques de créateurs agréables.

❶ LA BASILIQUE DU SACRÉ-CŒUR★★★

Après la tour Eiffel et la tour Montparnasse, la basilique du Sacré-Cœur est le point le plus élevé de la capitale, offrant un magnifique panorama depuis son parvis ou son dôme. Saint Denis, premier évêque de Paris, y aurait été décapité à la fin du IIIe s. avec d'autres chrétiens. C'est ainsi que le site prit le nom de « Montmartre », le « mont des Martyrs ». Aujourd'hui, c'est l'un des lieux les plus visités de la capitale. C'est aussi un lieu de recueillement, où l'on prie jour et nuit pour l'Église et le monde entier.

Le vœu national

Pour expier les horreurs de la guerre de 1870 et de la Commune, Alexandre Legentil et Hubert Rohault de Fleury font le vœu d'édifier un lieu de culte dédié au Cœur du Christ. Le cardinal Guibert propose alors le site de la butte Montmartre pour ériger l'église, entièrement financée par des collectes de dons.

La construction

L'architecte Paul Abadie réalise le bâtiment dans un style romano-byzantin. Le premier coup de pioche est donné en 1875 pour creuser 83 puits de 33 m de profondeur afin de créer les fondations. En 1914, l'édifice, long de 85 m et large de 35 m, avec une coupole qui s'élève à 55 m, est achevé. Il est consacré après la Première Guerre mondiale, en 1919, et devient alors un lieu de pèlerinage.

La visite

L'intérieur abrite une grande mosaïque de Luc-Olivier Merson représentant la Trinité avec le Christ au cœur rayonnant, le grand orgue signé Cavaillé-Coll et comptant 5 384 tuyaux, la crypte protégeant le trésor et une salle retraçant l'histoire de la basilique. À l'extérieur, dans le campanile, se trouve la Savoyarde, dont les 19 t en font la plus grosse cloche connue ! Enfin, le dôme, à plus

Basilique du Sacré-Cœur

de 200 m de haut, offre depuis sa galerie un panorama fantastique sur la capitale.

35, rue du Chevalier-de-La-Barre, 75018 • ☎ 01 53 41 89 00 • www.sacre-coeur-montmartre.com • Basilique : t. l. j. 6h-22h30 • Accès libre • Dôme : t. l. j. ; mars-mai, 9h30-19h ; juin-sept., 9h-20h30 ; nov.-fév. 10h-17h30 (horaires soumis à changements, vérifiez sur le site avant votre visite) • Entrée : 6 € • Crypte : actuellement fermée à la visite.

Escalier de la butte Montmartre

❷ LA PLACE DU TERTRE**

Elle tire son nom de sa situation au sommet d'un tertre (petite colline à sommet plat). Célèbre pour ses artistes peintres et ses terrasses, la place principale de l'ancien village de Montmartre a certes perdu de son esprit bohème et authentique, mais vaut quand même le coup d'œil, pour le folklore. Vous y trouverez des peintres, portraitistes et caricaturistes, mais aussi des serveurs à casquette de Gavroche et pull marin pour vous servir leurs traditionnels croque-monsieur et soupes à l'oignon.

❸ L'ESPACE DALÍ*

Le maître du surréalisme vécut un temps au 7, rue Becquerel, non loin de là. Après la Seconde

Pause cosy : La Bossue

C'est un peu comme si on était chez sa grand-mère. Les gâteaux de La Bossue (financiers, cakes, madeleines, biscuits, *scones*, le célèbre *carrot cake*... 0,90-4,10 € la part) et ses tartes aux fruits, faits maison, sont succulents. On y va dès le petit déj (9,50 €) pour profiter du lieu et de l'accueil chaleureux. Le midi, formule à 10,50 € composée d'une soupe, d'une part de quiche ou d'une tartine, et d'une salade.

● 73 • 9, rue Joseph-de-Maistre, 75018 • ☎ 09 81 72 65 59 • www.labossue.com • Mer.-ven. 8h30-19h, sam.-dim. 10h30-19h • Brunch (sam.-dim. 10h30-15h, résa obligatoire) : 24,50 €.

Guerre mondiale, la veuve du peintre Utrillo, qui s'était proclamée « impératrice de Montmartre », proposa à Salvador Dalí de devenir à son tour « empereur de Montmartre », titre purement honorifique, qui n'eut pas de conséquences majeures sur son destin ! Le musée présente des dessins regroupés par thèmes, des sculptures et des costumes inspirés à des créateurs de mode par l'artiste catalan.

11, rue Poulbot, 75018
• ☎ 01 42 64 40 10
• www.daliparis.com
• T. l. j. 10h-18h30 (20h30 juil.-août)
• Entrée : 12 €.

❹ LE MUSÉE DE MONTMARTRE**

L'écrivain Claude de La Rose vécut au XVIIe s. dans cette maison, aménagée en ateliers pour artistes deux siècles plus tard. Renoir, Suzanne Valadon ou son fils, Maurice Utrillo, y ont séjourné. Menacée de démolition, la bâtisse a été transformée en musée en 1961. Dessins, affiches et revues y retracent la mémoire du quartier. Le musée abrite aussi un des lieux les plus secrets de la butte Montmartre : les jardins Renoir, un havre de paix au charme bucolique. Un lieu idéal où vous pourrez vous rafraîchir et vous détendre, avec une très jolie vue sur les vignes de Montmartre.

12-14, rue Cortot, 75018
• ☎ 01 49 25 89 39
• www.museedemontmartre.fr
• T. l. j. oct.-mars 10h-18h (11h30-18h 1er janv. et 25 déc.) ; avr.-sept. 10h-19h (été : mer. à 22h) • Entrée : 12-13 € selon la programmation ; 4 € le jardin seul.

❺ LES VIGNES*

Autrefois, une bonne partie de la Butte était couverte de vignobles, et les vignerons pressaient leur raisin au couvent des Abbesses. En 1933, un petit carré de terre est sauvé de l'urbanisation et planté de 1 900 ceps, dont 75 % de gamay. En octobre, on fête les vendanges à Montmartre, et des 1 000 kg de grappes cueillies on tire 1 700 bouteilles de 50 cl ! Depuis 1996, on travaille à l'amélioration de ce vin, qui est désormais consommable.

14-18, rue des Saules (angle rue Saint-Vincent), 75018 • ☎ 01 42 62 21 21
• www.montmartre-guide.com
• Visite sur demande et par groupe de 20 pers. minimum.

D'escalier en escalier

Rues pavées bordées d'échoppes, points de vue étonnants, escaliers qui montent à l'assaut de la Butte... Montmartre fait le régal des promeneurs ! Les escaliers de la **rue Drevet** et de la **rue du Calvaire** vous conduisent à la place du Tertre ; quant à celui de la **rue Maurice-Utrillo**, il figure parmi les plus beaux du quartier.

❻ LE PASSE-MURAILLE ET LA PLACE DALIDA*

En hommage à Marcel Aymé, l'acteur Jean Marais a réalisé *Le Passe-muraille*, une sculpture située sur la place Marcel Aymé, à quelques pas de la maison dans laquelle l'écrivain a habité, rue Norvins. Un peu plus loin, sur la place qui porte son nom, est installé un buste en bronze de Dalida, icône de la butte Montmartre. Pour partir sur les traces de la chanteuse, allez déjeuner au Moulin de la Galette (p. 149), où elle avait ses habitudes, et visitez le cimetière de Montmartre, où elle est enterrée.

❼ LE MOULIN ROUGE ET PIGALLE**

À la fin du XIXe, Pigalle devient le « quartier chaud » de Paris et voit s'ouvrir de nombreux cabarets, dont le plus célèbre reste le Moulin Rouge, immortalisé par

Pause parigote : Bouillon Pigalle

Cet établissement a donné un coup de jeune à la tradition des bouillons, née à Paris au milieu du XIXe. Il reprend les éléments qui avaient fait le succès du genre : un service rapide, des plats traditionnels de bonne facture et des prix très accessibles. Ici, les œufs mayonnaise ne vous coûteront que 1,90 € et l'on vous rendra la monnaie sur 10 € si vous commandez un boeuf bourguignon ou un poulet-frites (9,80 €). Arrivez tôt pour éviter la foule !

● 74 • 22, boulevard de Clichy, 75018 • ☎ 01 42 59 69 31 • www.bouillonpigalle.com • T. l. j. 12h-minuit.

Toulouse-Lautrec. En ses murs, le (french) cancan, cette déclinaison de quadrille laissant entrevoir des culottes fendues, vécut ses heures de gloire. Les jupons y virevoltent toujours quotidiennement lors de la revue *Féerie*. Après la frivolité Belle Époque vint le temps des bars à filles et des peep-shows, mais dans le Pigalle d'aujourd'hui, les néons de la débauche tendent à céder leur place à des cafés branchés et magasins bio.
Moulin Rouge : 82, boulevard de Clichy • Pas de visite • Résa revue : ☎ 01 53 09 82 82 ou www.moulinrouge.fr.

❽ LE MUSÉE DE LA VIE ROMANTIQUE**

Installée dans la maison du peintre Ary Scheffer, la collection permanente du musée est consacrée à George Sand (portraits, meubles et bijoux) ainsi qu'aux toiles du peintre lui-même, entourées d'œuvres de ses contemporains. Également deux expos temporaires annuelles. Dans le jardin, un salon de thé est ouvert de mars à octobre, pour une pause gourmande dans un cadre bucolique et hors du temps.
16, rue Chaptal, 75009 • ☎ 01 55 31 95 67 • www.museevieromantique.paris.fr • Mar.-dim. 10h-18h • Collection : accès libre • Expo temporaire : 6 €.

❾ LA RUE DES MARTYRS*

Cette rue commerçante est à l'image de Pigalle : vivante, charmante et colorée ! Son nom vient de « saint Denis », évêque de Paris qui, décapité sous l'Empire romain, ramassa sa tête pour traverser cette rue et mourir quelques kilomètres au nord, où fut fondée la basilique Saint-Denis.

Halle Saint-Pierre

❿ LA HALLE SAINT-PIERRE**

Ouvert en 1986 dans un site à l'architecture de style Baltard, ce musée-galerie abrite une collection d'art brut et propose des expositions temporaires de belle tenue. On y trouve aussi un petit café sympa et une librairie, avec des rayons de livres d'art de qualité, une section jeunesse et une autre exclusivement dédiée à Paris.
2, rue Ronsard, 75018 • ☎ 01 42 58 72 89 • www.hallesaintpierre.org • Lun.-ven. 11h-18h, sam. 11h-19h, dim. 12h-18h ; f. août et j. f. • Entrée expos temporaires : 9 €.

15 Le bassin et le parc DE LA VILLETTE

● Restos & bistrots p. 150 ● Bars, clubs & sorties p. 177

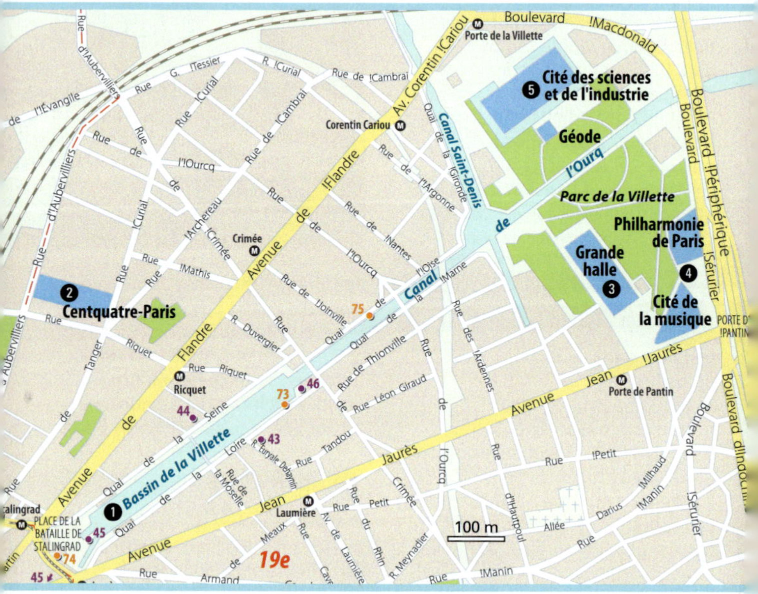

Inauguré en 1808 par Napoléon Ier, le bassin de la Villette fut jadis un lieu à la mode où tout Paris venait se promener, avant de devenir dans les années 1820 un centre de transit fluvial. De 1950 à 1970, l'abandon ou la fermeture de nombreux entrepôts changea une nouvelle fois le visage du quartier, qui connaît aujourd'hui un important renouveau : les quais redeviennent des lieux de promenade, de rencontres culturelles et de détente, et l'immense parc de la Villette fait figure de repère ludico-pédagogique pour les scientifiques en herbe, les amateurs de musique et d'architecture.

❶ LE BASSIN DE LA VILLETTE★★

Surnommé « la petite Venise parisienne » sous l'Empire, c'est le plus grand plan d'eau artificiel de Paris, qui relie le canal de l'Ourcq au canal Saint-Martin. Ses quais animés en font un lieu à la fois festif et de détente, très prisé des Parisiens, entre autres pour ses nombreuses activités nautiques : canoë-kayak, aviron, navigation en bateau électrique, ainsi que trois bassins à ciel ouvert pour la baignade l'été, de mi-juin à mi-septembre.

Base nautique de la Villette : 41 bis, quai de la Loire • Résa : ☎ 01 42 40 29 90 • Cours initiation canoë-kayak et aviron ouverts à tous et gratuits (réservé aux Parisiens)

Marin d'eau douce : 37, quai de la Seine • Résa : ☎ 09 70 71 40 60 • www.marindeaudouce.fr • T. l. j. 9h30-22h • Balade découverte (1h) sur le bassin en bateau électrique : 8 €/pers.

❷ LE CENTQUATRE-PARIS★

Impossible de rater cette gigantesque structure de brique et de pierre, anciennes pompes funèbres devenues haut lieu de la culture parisienne. Cet espace entièrement consacré à l'art présente expositions, concerts ou spectacles en tout genre. Il abrite des ateliers d'artistes, souvent ouverts au public, quelques boutiques ainsi qu'un restaurant.

104, rue d'Aubervilliers (accès 5, rue Curial), 75019 • ☎ 01 53 35 50 00 • www.104.fr • Mar.-ven. 12h-19h, sam.-dim. 11h-19h.

Grande halle de la Villette, p. 98

Le parc de La Villette

❸ LE PARC DE LA VILLETTE ET LA GRANDE HALLE**

Le parc de la Villette s'étend sur 55 ha. Mêlant nature et architecture, il propose une offre variée et pluridisciplinaire d'animations culturelles : aires de loisirs, lieux d'expositions, salles de spectacles. C'est aussi une belle promenade, à faire à pied ou à vélo, où l'eau est omniprésente : fontaines, bassins et cascades jalonneront votre balade. À l'entrée sud du parc, vous ne manquerez pas la **Grande Halle,** l'ancienne halle aux bœufs de la Villette, fleuron de l'architecture de fer et de verre du XIXe s. Inscrite à l'inventaire des monuments historiques et réhabilitée entre 2005 et 2007, elle accueille aujourd'hui expositions, concerts, théâtre et cirque.

211, av. Jean-Jaurès, 75019 • ☎ 01 40 03 75 75 • https://lavillette.com

❹ LA CITÉ DE LA MUSIQUE - PHILHARMONIE DE PARIS***

L'ensemble est constitué de deux bâtiments : la **Cité de la musique**, réalisée par l'architecte Christian de Portzamparc, qui regroupe deux salles de concert, un musée exposant l'une des plus belles collections d'instruments au monde (certains datant du XVIe s.) et une médiathèque ; et la **Philharmonie de Paris**, pensée par Jean Nouvel et dotée des dernières technologies en matière d'acoustique, consacrée à la musique symphonique, à la musique de chambre, au jazz ou aux musiques du monde. Son belvédère offre un point de vue unique sur l'ensemble du Nord-Est parisien.

221, av. Jean-Jaurès, 75019

Philharmonie de Paris : ☎ 01 44 84 44 84 • www.philharmoniedeparis.fr • Mar.-ven. 12h-18h, sam.-dim. 10h-18h, en soirée les jours de représentation ; f. 25 déc., 1er janv. et 1er mai

Musée de la Musique : mar.-ven. 12h-18h, sam.-dim. 10h-18h (17h les 24 et 31 déc.) • Entrée collection permanente : 8 € ; expos temporaires : 9 €

Belvédère : mer.-dim. 12h-jusqu'au coucher du soleil (f. nov.-avr.) • Accès libre.

❺ LA CITÉ DES SCIENCES ET DE L'INDUSTRIE***

Véritable passerelle entre sciences, société et technologies, ce lieu intéressera petits et grands. Il s'attache à rendre accessibles à chacun les découvertes et les enjeux des sciences dans notre quotidien, à travers une approche ludique et pédagogique. Les enfants ont même un espace dédié, la Cité des enfants, avec animations, expérimentations et jeux éducatifs.

Immersion

À l'extérieur est amarré l'*Argonaute*, un véritable sous-marin de chasse des années 1950. Une visite audioguidée plonge dans le quotidien d'un équipage de 40 hommes, manœuvrant dans les profondeurs marines. Un peu plus loin, la gigantesque sphère d'acier de la Géode accueille une expérience cinématographique à la pointe de la technologie. Le planétarium emmène, quant à lui, les visiteurs aux confins de l'univers grâce à un film immersif.

30, av. Corentin-Cariou, 75019 • ☎ 01 40 05 70 00 • www.cite-sciences.fr • Mar.-sam. 10h-18h, dim. 10h-19h ; f. 1er mai et 25 déc. • Cité des sciences (expo et planétarium) : 12 € • Cité des enfants (avec accès à l'Argonaute) : 12 € • Cité des enfants + Cité des sciences : 16 € • Géode : 6 €.

Pause Flottante : L'Eau et les Rêves

Joyeux mélange des genres sur cette luxuriante péniche-librairie qui propose une sélection d'ouvrages sur le vivant et invite à prolonger l'expérience dans son bar et sur la terrasse. Au fil de l'eau et de la journée, les propositions évoluent entre plat (14 €), café, cocktails (7 €), planches et brunch dominical... avec livre en cadeau (25 €).

● 00 • 9, quai de l'Oise, 75019 • ☎ 09 51 55 08 75 • www.penichelibrairie.com • Mar.-jeu. 11h-23h, ven.-sam. 11h-minuit, dim. 11h-22h.

16 Belleville ET LE PÈRE-LACHAISE

● Restos & bistrots p. 151 ● Bars, clubs & sorties p. 178

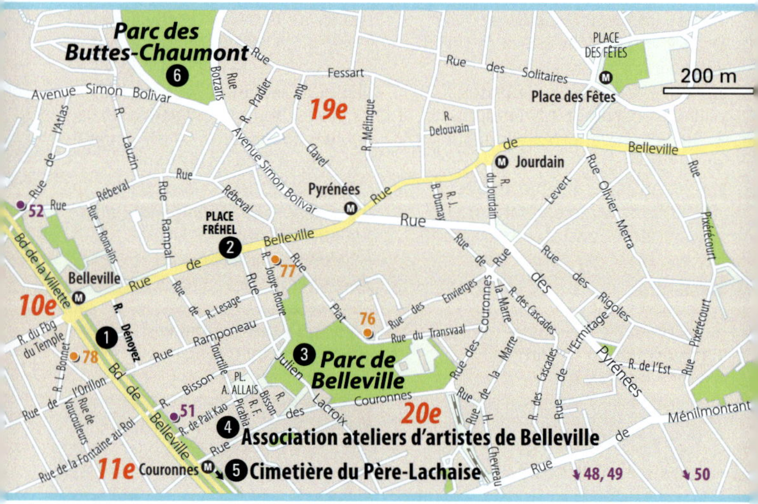

Populaire, multiculturelle et revendicative, Belleville s'est battue au fil des réhabilitations pour préserver son héritage et son esprit « village ». Ses rues à l'architecture contrastée sont le paradis des graffeurs. Boutiques de bouche y côtoient associations de quartier, restaurants asiatiques, bazars en tout genre et nombre d'ateliers d'artistes.

❶ LA RUE DÉNOYEZ*

À l'image de certaines portions de la Butte-aux-Cailles (dans le XIIIe arrondissement), la rue Dénoyez est l'un des lieux historiques du street art à Paris, plus spécifiquement du graffiti.

L'énergie de la rue a beaucoup changé depuis que des associations ont été priées de quitter les lieux pour faire de la place à un projet de réhabilitation et que l'art urbain a pris ses quartiers de manière plus large dans la ville mais les bombes s'activent encore (surtout côté impair et sur les volets métalliques baissés).

❷ LA PLACE FRÉHEL*

Amateurs de street art, « rendez-vous à l'angle des rues de Belleville et Julien-Lacroix ». Cette indication géographique est aussi le nom d'une œuvre de Jean Le Gac, représentant un détective en enquête. La place fait partie de *Paris Trois Temps*, bel exemple d'art de rue institutionnalisé qui date de 1986. Cette réflexion sur le passé-présent-futur comprend également *Il faut se méfier des mots*, une fresque de Ben, un cône de Marie Bourget et une anamorphose de Jean-Max Albert. Au fil des décennies, *Space Invaders* et autres œuvres plus contemporaines ont également rejoint la place.

Rue Dénoyez

❸ LE PARC DE BELLEVILLE**

Tout en dénivelés, ce parc inauguré en 1988 sur l'emplacement d'un ancien taudis offre une vue peu connue, mais fabuleuse sur la ville. Une fontaine en cascades de 100 m dévale les pelouses, et 140 pieds de vigne, témoignant du riche passé viticole du lieu, ont été plantés (côté rue Piat). Une aire de jeux en bois mêlant esthétisme et intérêt didactique a été aménagée pour les plus jeunes (dès 6 ans).

47, rue des Couronnes, 75020 • Accès : rue des Couronnes, rue Piat, rue Julien-Lacroix et rue Jouye-Rouve • Hiver : t. l. j. 8h (9h w.-e.)-17h30 ou 18h (selon période) ; printemps et 1er-30 sept. : t. l. j. 8h (9h w.-e.)-20h30 ; 1er mai-31 août : t. l. j. 8h (9h w.-e.)-21h30 • Accès libre.

❹ L'ASSOCIATION ATELIERS D'ARTISTES DE BELLEVILLE (AAB)*

Créée pour valoriser le travail des artistes de Belleville et leur donner plus de poids, l'association (250 artistes, 23 collectifs) dispose d'un petit local d'exposition. Les artistes s'y succèdent et font souvent office de guides de choix. Envie d'aider la création ? Optez pour les Petits Originaux, œuvres uniques de 20 x 20 cm vendues au profit de l'association (45 €). Chaque année, fin mai, l'AAB organise des « portes ouvertes », événement majeur permettant d'entrer dans l'intimité des ateliers du quartier.

1, rue Francis-Picabia, 75020 • ☎ 01 73 74 27 67 • www.ateliers-artistes-belleville.fr • Expos : jeu.-dim. 14h-20h • Accès libre.

Parc de Belleville, p. 101

❺ LE CIMETIÈRE DU PÈRE-LACHAISE***

À l'est de la capitale, le plus vaste, le plus célèbre et le plus prestigieux des cimetières parisiens est aussi le plus grand espace vert de la ville. Créé après ceux de Montmartre et de Montparnasse, il a célébré ses deux siècles d'existence en 2004. Parmi ses hôtes illustres : Jim Morrison, Oscar Wilde, Molière et Édith Piaf.

Un succès tardif

En application de la loi interdisant les cimetières en ville en 1780, les cimetières de Montmartre (au nord) et Montparnasse (au sud) voient le jour extra-muros, suivis par celui du Père-Lachaise, dans l'Est parisien. Il est établi sur la colline de Champ-Évêque, une ancienne propriété campagnarde ayant appartenu aux jésuites parisiens, parmi lesquels le père François d'Aix de La Chaise, confesseur et conseiller du Roi-Soleil. Sa conception est confiée à l'architecte Théodore Brongniart, déjà créateur de la Bourse. La bourgeoisie parisienne commence par bouder l'endroit, qui ne compte que 13 tombes en 1804. Il faudra le transfert des dépouilles d'Héloïse et d'Abélard, puis de Molière et de La Fontaine en 1817, pour que le Père-Lachaise connaisse enfin le succès.

Épisode sanglant de l'histoire

Pendant la Commune, en mai 1871, près de 200 hommes, femmes et enfants qui s'étaient réfugiés là sont fusillés par les troupes gouvernementales de Versailles. Aujourd'hui, le mur des Fédérés, classé monument historique, leur rend hommage.

Le plus vaste cimetière... et espace vert de la ville

Le Père-Lachaise, c'est 44 ha, 70 000 concessions et 1 million de personnes inhumées. Voilà la première nécropole de la ville, mais aussi son plus vaste espace vert, avec 5 300 arbres, et un beau regroupement de monuments funéraires aux styles éclectiques.

Des hôtes célèbres

Près de deux millions de personnes viennent flâner chaque année dans les allées du Père-Lachaise, et se recueillir sur les tombes des nombreuses personnalités littéraires et artistiques qui y reposent. Pour ne citer qu'eux, Molière et Apollinaire, Nerval et Balzac, Chopin et Sarah Bernhardt, Piaf et Modigliani... Parmi les sépultures singulières, celles d'Oscar Wilde, couverte de baisers colorés, ou de Jim Morrison, qui accueille régulièrement quelques fans transis. Le mieux est d'opter pour une visite guidée, celle proposée par Thierry Le Roi, truffée d'anecdotes et de faits historiques, est particulèrement intéressante *(www.necro-romantiques.com ; 10 €).*

Accès principal rue de la Roquette, angle bd Ménilmontant, 75011
• ☎ 01 55 25 82 10
• www.paris.fr
• Lun.-ven. 8h-17h30, sam. 8h30-17h30, dim. 9h-17h30 (18h de mi-mars à nov.) • Accès libre (visites guidées privées le w.-e.).

❻ LE PARC DES BUTTES-CHAUMONT★★

Avec ses 25 ha, ce vaste parc paysager, dessiné comme un jardin anglo-chinois, est l'un des plus grands espaces verts de la capitale. Parmi les points d'intérêt : un lac et son île rocheuse, une cascade de 32 m conduisant à une grotte, un pont signé Eiffel ainsi qu'une réplique d'un temple romain (Tivoli) baptisé « Temple de la Sybille ». Entre éboulements et rénovations, certaines parties sont régulièrement fermées, ce qui n'empêche en rien les Parisiens de se ruer sur ses pentes aux premiers rayons de soleil.

1, rue Botzaris, 75019 (accès également par les rues Manin, de Crimée et l'avenue Simon-Bolivar)
• T. l. j. 7h-20h (22h mai-fin août)
• Accès libre.

Pause asiatique : Dong Huong

Ne quittez pas Belleville sans savourer sa facette multiculturelle forgée à coup de migrations, notamment asiatiques. Cette cantine vietnamienne et plus précisément tonkinoise (nord du pays) régale la colline depuis les années 1980. Au menu, spécialités septentrionales, comme la salade de papaye avec lardons et crevettes (8 €), mais aussi et surtout des *bo buns* et une dizaine de variations de *phô* aux bouillons préparés avec patience et précision (8,30-11 €).

● 81 **• 14, rue Louis-Bonnet, 75011 • ☎ 01 43 57 42 81 • pho-donghuong.fr • Mer.-lun. 12h-22h30.**

17 Oberkampf et le CANAL SAINT-MARTIN

● Restos & bistrots p. 152 ● Bars, clubs & sorties p. 180 ● Boutiques p. 205

« Atmosphère, atmosphère... » Voilà bien un quartier qui n'en manque pas ! Les abords du canal Saint-Martin se couvrent aux beaux jours de promeneurs, flâneurs venus se poser au bord de l'eau et épicuriens en quête d'adresses en vue qui débordent vers le sud, quand le canal s'engouffre sous le boulevard. C'est également ici que l'on vient en prendre plein les yeux, le temps d'une visite d'un musée tout en lumières.

❶ LES ÉCLUSES ET PONTS TOURNANTS*

Plusieurs fois par jour, le canal offre un spectacle étonnant, mécanique d'une extrême précision, qui se joue entre les ponts tournants et les écluses pour laisser passer les bateaux. Vous serez aux premières loges en vous postant à l'angle du quai de Jemmapes et de la rue de la Grange-aux-Belles, ou à celui du quai de Valmy et de la rue Dieu.

❷ L'HÔTEL DU NORD*

Le lieu est à l'origine du roman éponyme d'Eugène Dabit, portrait du peuple parisien des années 1920 se côtoyant dans cette pension tenue par ses parents. Mais c'est surtout l'adaptation cinématographique du roman (et la réplique d'Arletty qu'on ne cite plus !) qui fit passer l'Hôtel du Nord à la postérité. On vient aujourd'hui y boire un verre ou déjeuner.

102, quai de Jemmapes, 75010 • ☎ 01 40 40 78 78 • www.hoteldunord.org • Restaurant : t. l. j. 12h-15h et 19h30-23h30 • Café : t. l. j. 10h30-1h30.

❸ L'ATELIER DES LUMIÈRES**

Les plus grands artistes s'exposent dans cette ancienne fonderie, mais dans une version numérisée et XXL. Murs, mais aussi sols et plafonds deviennent les supports de ces « toiles » du troisième millénaire, pour des voyages au cœur des œuvres et de leurs détails.

38, rue Saint Maur, 75011 • ☎ 01 80 98 46 00 • www.atelier-lumieres.com • Lun.-jeu. 10h-18h, ven.-sam. 10h-22h, dim. 10h-19h. • Après 16h et w-e : achat en ligne uniquement • Entrée : 15 €.

Pause fleurie : Désirée

Tranche de cake ou brassée de pivoines ? Cette adresse pensée par Mathilde et Audrey, deux anciennes acheteuses de fromages, est à la fois gourmande et fleurie. Une simple vitre sépare les bouquets champêtres de la partie fleuriste et les tables qui se garnissent, en fonction de l'heure, de café, gâteaux ou petits plats de saison.

● 85 • 5, rue de la Folie-Méricourt, 75011 • ☎ 09 81 02 52 13 • Lun.-mer. 9h-19h30, jeu.-ven. 9h-20h, sam. 10h-20h, dim. 10h-17h.

18 Bastille et le faubourg SAINT-ANTOINE

● Restos & bistrots p. 153 ● Bars, clubs & sorties p. 183 ● Boutiques p. 209

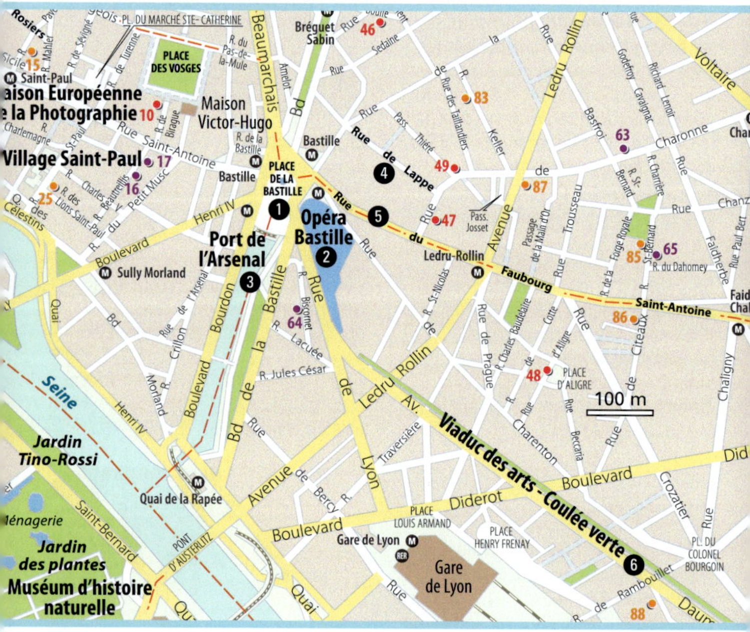

Difficile d'imaginer que c'est ici que se déroula l'un des événements les plus marquants de la Révolution française. De la prison de la Bastille, prise le 14 juillet 1789, il ne reste rien ou presque. Du faubourg ouvrier et artisanal dans lequel grimpa la colère, l'on peut retrouver de jolis cours où s'activent encore des mains agiles, ébénistes en tête, aux côtés de studios de créatifs, lieux festifs et boutiques dans l'air du temps.

❶ LA PLACE DE LA BASTILLE*

Le monument surplombé d'un génie ailé, au centre de la place, est la colonne de Juillet. Érigée en l'honneur des 700 victimes des révolutions de juillet 1830 et février 1848, elle accueille leurs dépouilles. Encore en cours de réaménagement, la place symbole de nombreuses revendications citoyennes s'ouvre aux piétons et au végétal ainsi que sur le port qui la borde. Un marquage au sol montre les délimitations de l'ancienne forteresse de la Bastille. Pour voir un mur de l'ancienne prison, rendez-vous dans la station de métro, sur le quai de la ligne 5 (direction Bobigny).

11, bd de la Bastille, 75012.

❷ L'OPÉRA BASTILLE**

Tout était controversé : l'emplacement loin du centre, au cœur d'un quartier populaire, l'architecture épurée de Carlos Ott, l'acoustique de l'immense salle aux 2 700 places, etc. Les débuts ont été difficiles, mais aujourd'hui

L'Opéra Bastille

les esprits se sont apaisés, et le public ne se passionne plus que pour la qualité des voix, la sonorité de l'orchestre et la maîtrise de la scène. Des spectacles à la pointe de l'actualité culturelle, dont les places s'arrachent.

Pl. de la Bastille, 75012 • ☎ 01 71 25 24 23 • www.operadeparis.fr • Visites guidées uniquement de sept. à mi-juillet ; f. 1er janv et 1er mai • Entrée : 17 € • Appeler pour connaître les dates et horaires de visites • Pas de résa, sf groupes.

❸ LE PORT DE L'ARSENAL★★

Autrefois port de marchandises, devenu depuis 1983 port de plaisance, l'Arsenal (seul port parisien avec la halte nautique de la Villette) relie le canal Saint-Martin à la Seine. Son jardin offre un cadre idéal pour une promenade au calme le long des quelque 200 bateaux qui y ont jeté l'ancre. Il est le point de départ de croisières insolites sur le canal Saint-Martin *(Canauxrama, ☎ 01 42 39 15 00, www.canauxrama.com, 18 €).*

11, bd de la Bastille, 75012.

❹ LA RUE DE LAPPE★

Il suffit de jeter un coup d'œil à la nature des commerces qui occupent la rue pour comprendre comment l'artère a gagné son surnom de « rue de la soif ». Parmi les hauts lieux permettant d'étancher cette dernière, pointons *Le Balajo* (n° 9) qui perpétue la tradition des bals musette. Au

XVIIIe s., c'est dans le quartier que naquirent - sous l'impulsion des Auvergnats - ces bals populaires au son de la musette (instrument à vent) et de l'accordéon.

❺ LE FAUBOURG SAINT-ANTOINE*

La rue du Faubourg-Saint-Antoine relie la place de la Bastille à la place de la Nation. C'est l'une des plus vieilles rues de Paris. Sous Louis XI, ce coin devint un creuset de la création en rassemblant une multitude d'artisans du meuble, comme les ébénistes, les marqueteurs, les bronziers ou les tapissiers. Allez jeter un coup d'œil au passage du Chantier, une ruelle pittoresque avec ses pavés et ses enseignes. Quelques mètres plus loin, découvrez la cour du Bel-Air entourée d'immeubles recouverts par la vigne... et du côté de la place de la Bastille, faites un crochet par la très jolie cour Damoye, la cour des Shadoks (qui tient son nom de Jacques Rouxel, créateur des *Shadoks*, qui a vécu dans l'immeuble) et le passage de l'Homme qui relie la rue de Charonne à l'avenue Ledru-Rollin.

❻ LE VIADUC DES ARTS ET LA COULÉE VERTE**

Créée en 1988 à l'emplacement d'une ancienne ligne de chemin de fer, cette promenade originale de 4,5 km relie la Bastille au bois de Vincennes. Sur les arcades du viaduc, une « coulée verte » de jardins suspendus mêle liserons des champs et pavots sauvages. Idéal pour une promenade romantique ou en famille. Sous les arcades, les ateliers, les vitrines et les créations des artisans parisiens s'exposent au public.

Accès à la Coulée verte par l'av. Daumesnil, 75012 ; point de départ 44-46, rue de Lyon, puis divers accès le long de l'avenue Daumesnil
• www.leviaducdesarts.com
• Ouverture : 8h30
• Fermeture : mars 19h, avr. et sept. 20h30, 1er mai-31 août 21h30, oct. 19h30, nov.-fév. 17h45.

Pause expérimentale : Ground Control

Expo, ateliers, quizz géant, soirée costumée, marché de producteurs ou vintage, bal swing, cour de yoga ou tirages de cartes : cette friche de 6 000 m² est hyperactive et obsédée par la street food de qualité, entre halle à manger et camions extérieurs. Italie, Suède, USA, Taïwan, Mexique... les évasions gastronomiques cohabitent, notamment grâce aux chefs réfugiés de La Résidence.

● 91 • 81, rue du Charolais, 75012 • www.groundcontrolparis.com • Mer.-ven. 12h-minuit, sam. 11h-minuit, dim. 11h-22h30. • Après 22h30, accès par la gare de Lyon (suivre le quai 23).

19 De la BNF à Bercy

● Restos & bistrots p. 155 ● Bars, clubs & sorties p. 184

Les environs du quai François-Mauriac, dans le 13e arrondissement, se sont développés en lieu et place d'un ancien faubourg industriel. Le quartier est sorti de terre dans les années 1990, autour de la Bibliothèque nationale de France, voulue par François Mitterrand. En contrebas de son esplanade, les péniches dédiées aux sorties s'alignent dans le port de la Gare tandis que sur l'autre rive, un bâtiment de Frank Gehry attire les cinéphiles.

❶ LES PAVILLONS DE BERCY★★

Bienvenue au pays des automates et de l'émerveillement ; un monde dans lequel les licornes vivent paisiblement et où il est possible de partir à l'aventure sur un vieux carrousel, s'affronter dans une effrénée « course de garçons de café » ou (re)découvrir le manège de vélocipèdes. Les Pavillons sont composés de quatre espaces dont le **musée des Arts forains**, hébergeant la collection de l'antiquaire Jean-Paul Favand, captivé par la foire et le carnaval.

53, av. des Terroirs-de-France, 75012 • ☎ 01 43 40 16 22 • www.arts-forains.com • Visites guidées uniquement • Résa indispensable en ligne ou au ☎ 01 43 40 16 15 • Entrée : 16 €.

❷ BERCY VILLAGE, COUR SAINT-ÉMILION*

Depuis 2000, Bercy Village est un minicentre commercial à ciel ouvert. La longue allée piétonne pavée est bordée d'anciens chais, aujourd'hui restaurés et classés. Elle abrite des restaurants, de nombreuses boutiques de mode, mais aussi des magasins spécialisés dans la décoration ou les jouets. Sous les passages, on découvre des expositions temporaires.

❸ LA CINÉMATHÈQUE FRANÇAISE***

En septembre 2005, la Cinémathèque française, riche de 81 ans d'existence, s'installait à Bercy, dans un bâtiment initialement conçu par l'architecte Frank Gehry pour le centre culturel américain. Une exposition permanente, « Passion Cinéma », y dévoile notamment les trésors d'Henri Langlois, fondateur de la Cinémathèque. On y trouve également des expositions temporaires, des rencontres avec de célèbres acteurs et réalisateurs, et trois salles de projection pour des rétrospectives régulières : la programmation au long cours fait la part belle au cinéma d'hier et d'aujourd'hui, d'ici et d'ailleurs. Ajoutez à cela une librairie et un restaurant, et voilà l'un des lieux culturels les plus

Musée des Arts forains

Pause transalpine : Felicità

Attention, indice de désidérabilité élevé. Les voisins ? Les startuppeurs de la Station F de Xavier Niel. Le concept ? Une gigantesque halle à boire et manger dans laquelle sont installés divers stands avec des noms en « a » : trattoria, hamburgheria, gelateria, pizzeria, mais aussi un cocktail-bar, pour ne pas délaisser l'*aperitivo*.

93 • 5, parvis Alan Turing, 75013 www.lafelicita.fr • Lun.-mar. 12h15-14h30, mer.-ven. 12h15-14h30 et 19h-23h (22h30 le mer.), sam. 12h-23h, dim. 12h-23h30 • Pizza margherita : 7 € ; spritz : 8 €.

réjouissants qui aient vu le jour à Paris ces dernières années.

51, rue de Bercy, 75012 • ☎ 01 71 19 33 33 • www.cinematheque.fr • Mer.-lun. 12h-19h (22h jeu. pour les expos) ; f. 1er janv., 1er mai et 25 déc. • Entrée : 5 € (12,50 € avec expos).

❹ LES JARDINS DE BERCY*

Dans le cadre de l'aménagement du quartier de Bercy, trois jardins sont sortis de terre entre 1993 et 1997 sous la houlette d'un collectif d'architectes et de paysagistes. Le Jardin romantique, les Parterres et les Prairies sont respectivement dédiés à la balade, au travail des plantes et à diverses activités sportives. Un havre vert bienvenu, entre Bercy et la Bibliothèque nationale de France.

❺ LE PORT DE LA GARE*

Parallèle au quai François-Mauriac, le port de la Gare accumule les péniches qui sont autant de bons plans pour prendre un verre (ou manger un morceau) quand le soleil est de la partie et pour assister à des concerts le soir venu. Nos coups de cœur parmi ces bars flottants : le Petit Bain (p. 184) et La Dame de Canton *(www.damedecanton.com)*.
Il est également possible d'y nager, non pas dans mais sur la Seine, à la **piscine Joséphine-Baker** *(☎ 01 56 61 96 50 ;*

www.piscine-baker.fr ; entrée : 3,80 € en hiver ; 6,50 € en été).

❻ LA BIBLIOTHÈQUE FRANÇOIS-MITTERRAND**

Elles sont impressionnantes, ces quatre tours de verre immenses représentant des livres, qui forment un carré sur la vaste esplanade en bordure de Seine. Ouverte en décembre 1996 et emblématique des grands chantiers de l'ère Mitterrand, la BNF est annoncée dès 1988 par le président comme « l'une ou la plus grande et plus moderne des bibliothèques, qui devra couvrir tous les champs de la connaissance et utiliser les technologies les plus modernes »... Aujourd'hui, outre son important département de recherche et d'étude, le lieu signé Dominique Perrault propose des expositions prestigieuses.

Quai François-Mauriac, 75013 • ☎ 01 53 79 59 59 • www.bnf.fr • Mar.-sam. 10h-20h, dim. 13h-19h • La BNF et son jardin : entrée libre ; salle de lecture 1 jour : 3,90 €.

❼ LA FAB.*

La créatrice de mode Agnès B. est aussi une amatrice éclairée d'art contemporain. Au fil des décennies, elle s'est constitué une collection singulière de 5 000 œuvres mêlant installations, sculptures, vidéos, photos, peintures, etc. En 2020, elle a décidé de l'ouvrir au public dans ce lieu qui accueille également une librairie et la galerie autrefois installée rue du Jour.

Pl. Jean-Michel-Basquiat, 75013 • ☎ 01 87 44 35 73 • https://la-fab.com • Mar.-sam. 11h-19h (dernière entrée 18h) • Entrée : 4 €.

La Fab.

20 De Montparnasse à DENFERT-ROCHEREAU

• Restos & bistrots p. 156 • Bars, clubs & sorties p. 187 • Boutiques p. 210

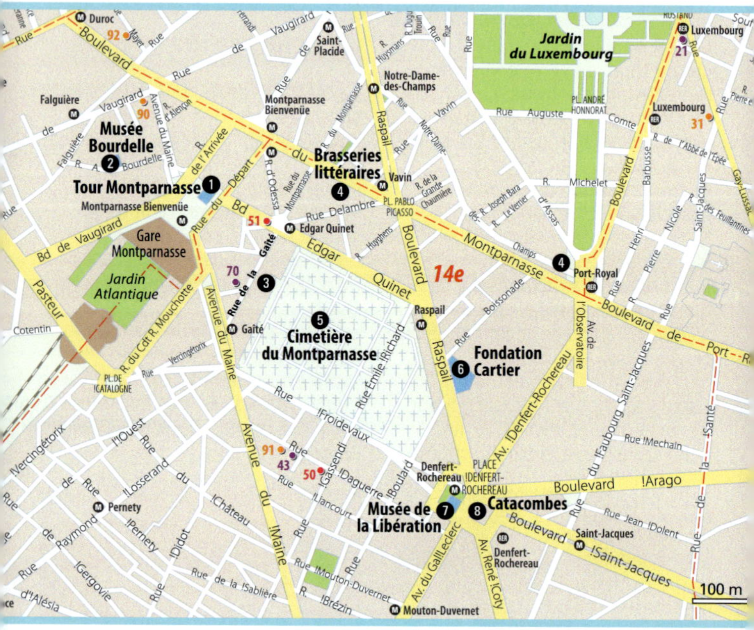

Montparnasse fut le cadre d'une vie artistique foisonnante entre les deux guerres : Modigliani, Soutine, Apollinaire, Léger, Picasso, etc. De La Closerie des Lilas à La Coupole, intellectuels et artistes du monde entier y résidaient, créaient, échangeaient. Aujourd'hui, les « Montparnos » ont déserté, mais le quartier conserve, sur les murs de ses brasseries mythiques et dans de riches musées, les traces de ce passé effervescent. À l'ombre d'une tour à l'esthétique souvent décriée, il reste un lieu très vivant, entre théâtres, cinémas et commerces.

❶ LA TOUR MONTPARNASSE*

Certains, reprenant à leur compte la phrase de Tristan Bernard au sujet de la tour Eiffel, arguent que « la tour Montparnasse offre la plus belle vue de Paris, car c'est le seul endroit d'où on ne la voit pas ». Ils seront peut-être contents d'apprendre que la géante de 210 m a lancé un vaste chantier de transformation (jusqu'en 2024). Le projet ? Un bâtiment plus vert, vivant 24h/24, avec un jardin suspendu et un rehaussement de 18 m pour installer une serre agricole et des panneaux photovoltaïques. La Tour a dû être vidée pour les travaux et l'observatoire est donc fermé.

33, av. du Maine, 75015 • ☎ 01 45 38 52 56 • www.tourmontparnasse56.com • Fermé jusqu'en 2024.

❷ LE MUSÉE BOURDELLE**

Antoine Bourdelle fut élève d'Auguste Rodin, mais il vola de ses propres ailes bien plus vite que Camille Claudel. L'ancien atelier-appartement du sculpteur, rénové et agrandi par Christian de Portzamparc, constitue un musée consacré à l'artiste. Ne manquez pas les délicieux jardins, le *Centaure mourant* veillant sur l'atelier et les œuvres de jeunesse à l'encre.

18, rue Antoine-Bourdelle, 75015 • ☎ 01 49 54 73 73 • www.bourdelle.paris.fr • Mar.-dim. 10h-18h • Accès libre, sf expos temporaires (prix variable).

❸ LA RUE DE LA GAÎTÉ*

Au début du XIXe s., il s'agissait d'une partie du chemin menant de Clamart à la barrière de Montparnasse. Les gens du quartier l'appelaient « la rue de la joie ». à l'extérieur de la barrière, elle abritait guinguettes, bals et restaurants, situés là pour échapper aux taxes perçues par l'octroi de Paris. Aujourd'hui subsistent cafés et restaurants, mais surtout nombre de théâtres : théâtre de la Gaîté, théâtre Rive Gauche, théâtre Montparnasse, Comédie-Italienne figurent parmi les plus courus.

Tour Montparnasse

❹ LES BRASSERIES LITTÉRAIRES*

À **La Coupole**, joyau de l'Art déco qui existe depuis 90 ans, on boit un verre ou on déguste un plateau de fruits de mer sous les portraits de ses hôtes vénérables : Sartre et Picasso, Giacometti et Piaf. À **La Closerie des Lilas**, guinguette née en 1847, Zola, Théophile Gautier et Verlaine avaient leurs habitudes, suivis par Fitzgerald et Hemingway. Aujourd'hui encore s'y croisent bon nombre de ceux qui font le Paris littéraire, de Philippe Sollers à Frédéric Beigbeder.

• **La Coupole :** 102, bd du Montparnasse, 75014 • ☎ 01 43 20 14 20 • www.lacoupole-paris.com • Dim.-lun. 8h-23h, mar.-ven. 8h-minuit, sam. 8h30-minuit • Menus : 31-59 €.
• **La Closerie des Lilas :** 171, bd du Montparnasse, 75006 • ☎ 01 40 51 34 50 • www.closeriedeslilas.fr • Brasserie : t. l. j. 12h-14h30, 19h-23h.

❺ LE CIMETIÈRE DU MONTPARNASSE***

Il est moins illustre que le Père-Lachaise ou celui de Montmartre. Pourtant, nombre des grands de ce monde reposent dans ce cimetière qui s'étend sur pas

Pause apéro breton : Ker Beer

Dans la gare toute proche débarquent les trains venus de Rennes, Brest ou Guingamp, et dans le quartier, cela se ressent. La voisine rue du Montparnasse est surnommée « rue des crêperies ». Ici, l'équipe a voulu mettre en avant une autre facette armoricaine : la bière artisanale, avec en permanence 15 pépites à la pompe (et une cinquantaine de références bouteille). Détours par les spiritueux, cidres et softs du cru pour les sceptiques du houblon.

● 68 • 10, rue Vandamme, 75014 • ☎ 01 42 84 43 22 • www.kerbeer.bzh • T. l. j. 17h-2h • Demi : dès 3,50 €.

moins de 19 ha. Pour n'en citer que quelques-uns : Man Ray, Baudelaire, Ionesco, Duras, Maupassant, Gainsbourg et Michèle Morgan. Allez le visiter avec Thierry Le Roi *(www.necro-romantiques.com)*, on dit de ce nécro-romantique qu'il réveille les cimetières !

3, bd Edgar-Quinet, 75014 • ☎ 01 44 10 86 50 • Hiver : lun.-ven. 8h-17h30, sam. 8h30-17h30, dim. et j. f. 9h-17h30 ; été : lun.-ven. 8h-18h, sam. 8h30-18h, dim. et j. f. 9h-18h.

❻ LA FONDATION CARTIER**

À deux pas de la place Denfert-Rochereau, une construction moderne aux tubes gris et aux larges baies vitrées. Signée Jean Nouvel et Lothar Baumgarten, la Fondation Cartier, magnifique écrin dévolu à l'art contemporain, a ouvert ses portes à l'initiative d'Alain-Dominique Perrin en 1984. Après la visite des expositions temporaires qui se déclinent sur deux niveaux, découvrez le Theatrum Botanicum, un jardin regroupant 200 espèces de plantes sauvages.

261, bd Raspail, 75014 • ☎ 01 42 18 56 50 • www.fondation.cartier.com • Expos : mar.-dim. 11h-20h (22h mar.) ; f. 1er janv. et 25 déc. • Entrée : 10,50 €.

❼ LE MUSÉE DE LA LIBÉRATION DE PARIS*

Le 25 août 1944, Paris était libérée. Pour fêter les 75 ans de l'événement, la ville a décidé de valoriser son musée commémoratif en l'installant dans ces pavillons dessinés par Nicolas Ledoux et rénovés pour l'occasion. Un lieu emblématique de cet épisode de résistance à l'ennemi, puisque c'est là qu'était installé le PC du colonel Rol-Tanguy, rendu accessible au public. Documents originaux, photographies, témoignages et dispositifs permettent de revivre ces journées qui firent de Paris une ville de nouveau libre.

4, av. du Colonel Henri Rol-Tanguy, 75014 • ☎ 01 40 64 39 44 • www.museesleclercmoulin.paris.fr • Mar.-dim. 10h-18h • Entrée libre

❽ LES CATACOMBES***

Un voyage hors du temps, au cœur des entrailles de la capitale ! Six millions d'ossements, provenant de différents cimetières parisiens, reposent sur 1,5 km de galeries souterraines aux allures de labyrinthe. Une visite insolite pour laquelle il faudra vous armer de patience : on fait régulièrement la queue pour y accéder ! Allez-y tôt et pensez à emporter une veste, car la température dans les catacombes est de 14° C.

1, av. du Colonel Henri-Rol-Tanguy (place Denfert-Rochereau), 75014 • ☎ 01 43 22 47 63 • www.catacombes.paris.fr • Mar.-dim. 10h-20h30 • Entrée : 14 € ; audioguide : 5 € • Pour éviter l'attente, vous pouvez réserver une visite guidée, le jeudi à 13h (20 €), ou opter pour le billet coupe-file à 29 € (avec audioguide compris).

21 Le bois de Boulogne et LA FONDATION VUITTON

● Restos & bistrots p. 157

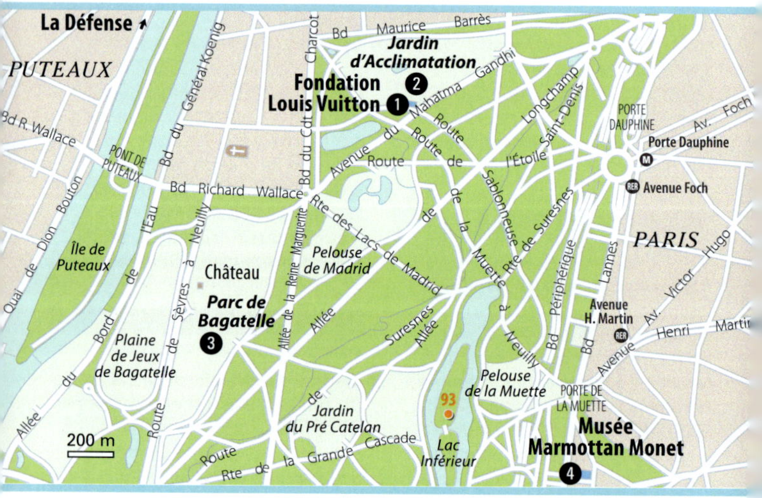

COMMENT Y ALLER ? VOIR CARNET PRATIQUE P. 221.

Dédié aux parties de chasse royale avant de devenir un lieu de libertinage, puis le terrain de jeu des paysagistes de Napoléon III, le bois de Boulogne ouvre les bras aux familles le jour avant de fermer les yeux sur des nuits interlopes. Il est également devenu un quartier arty avec l'implantation de la Fondation Vuitton.

❶ LA FONDATION LOUIS VUITTON★★

Pour abriter son projet de fondation pour la création, Bernard Arnault a fait appel à Frank Gehry. Le Prix Pritzker a misé sur la technologie pour créer un « vaisseau » aux 12 voiles fait de verre courbé et de béton fibré. On retrouve les poissons de l'architecte-sculpteur parmi les commandes réalisées pour la Fondation, qui ponctuent

Pause au vert : Le Châlet des Îles

L'expérience est pour le moins singulière. Imaginez accoster en barque sur une île pour vous attabler dans un chalet transporté de Suisse pour satisfaire l'impératrice Eugénie. Au menu : des assiettes de cuisine française dans une ambiance de maison de famille huppée.

● 97 • Chemin de ceinture du lac inférieur du bois de Boulogne, porte de la Muette, 75016 • ☎ 01 42 88 04 69 • www.chalet-des-iles.com • Restaurant : lun.-sam. 12h-15h et 19h30-22h30, dim. 12h-15h pour brunch (60 €) • Bar : mer.-dim. dès 19h • Suprême de volaille : 32 €.

le parcours de visiteurs qui affluent pour les grandiloquentes expositions temporaires.

8, av. du Mahatma-Gandhi, 75116 • ☎ 01 40 69 96 00 • www.fondationlouisvuitton.fr • Lun., mer.-jeu. 11h-20h, ven. 11h-21h, sam.-dim. 10h-20h • Vacances scolaires : t. l. j. 10h-20h (21h le ven.) • Entrée : 16 €

❷ LE JARDIN D'ACCLIMATATION**

Entièrement rénové en 2018, le jardin se prête aux aventures familiales en étant à la fois parc d'attractions avec jolis carrousels et rollercoasters réputés, lieu de promenade, ferme pédagogique, plaine de jeux, fontaines ouvertes en pataugeoires, parcours d'escalade dans les bois ou théâtre de Guignol...

Rue du bois-de-Boulogne, 75116 • ☎ 01 40 67 90 85 • www.jardindacclimatation.fr • Lun.-mar. et jeu.-ven. 11h-18h ; mer., sam., dim. et vac. scolaires : 10h-18h • Entrée jardin : 5 € (billet attraction : 2,90 €) ; pass illimité daté : 28 €.

❸ LE PARC DE BAGATELLE**

Le comte d'Artois aménagea cet ancien terrain de chasse pour sa belle sœur, Marie-Antoinette. On raconte qu'il ne fallut qu'une nuit à François-Joseph Bélanger pour concevoir ses plans. De style anglo-chinois, le jardin est devenu célèbre grâce à sa roseraie abritant plus de 10 000 plants.

Rte de Sèvres à Neuilly, 75016 • T. l. j. 9h30-20h • www.paris.fr • Avr.-sept. : 2,50 € ; oct.-fin mars : entrée libre.

❹ LE MUSÉE MARMOTTAN MONET**

Le musée est de ces lieux d'exception discrets, qui échappent aux assauts de la foule. La collection entamée avec goût par Jules Marmottan et son fils s'est largement enrichie de legs. La générosité la plus marquante ? Une centaine d'œuvres de Monet, dont un ensemble de grands *Nymphéas* !

2, rue Louis-Boilly, 75016 • ☎ 01 44 96 50 33 • www.marmottan.fr • Mar.-dim. 10h-18h (21h le jeu.) • Entrée: 12 €.

22 Versailles

● Restos & bistrots p. 157 ● Bars, clubs & sorties p. 187

COMMENT Y ALLER ? VOIR CARNET PRATIQUE P. 221.

Versailles accueillit les rois de France dès Louis XIII. Témoin d'un train de vie fastueux et de temps forts de l'histoire hexagonale, il concentre le fruit du travail des meilleurs architectes et artisans des siècles passés. Un héritage colossal, qui lui vaut d'être l'un des premiers sites inscrits au patrimoine de l'humanité.

❶ LE CHÂTEAU★★★

Pavillon de chasse de Louis XIII, le château prit de l'ampleur au fil des monarques qui s'y succédèrent jusqu'à dénombrer 2 300 pièces. Louis XIV en fit l'une des plus opulentes représentations de l'art français du XVIIe.

Les Grands Appartements

Le parcours de visite classique se concentre sur le 1er étage et les Grands appartements du Roi. Diane, Mars, Mercure, Apollon, etc. ; les salons aux noms de dieux antiques se succèdent avec leurs style et fonction avant que n'apparaissent le cabinet du Conseil et les chambres du Roi et de la Reine.

Galerie des Glaces

C'est la pièce la plus attendue par la plupart des visiteurs. Conçue par Jules Hardouin-Mansart, elle servait autrefois de liaison entre les appartements du roi et de la reine. Sur ses 357 miroirs se reflétaient les courtisans patientant durant des heures dans l'espoir de pouvoir échanger avec le monarque. La voûte, peinte par Le Brun, expose les succès diplomatiques et militaires de Louis XIV.

Galeries historiques

Louis-Philippe convertit le château en musée. Temps fort de cette partie de la visite : la galerie des Batailles avec ses 33 tableaux célébrant avec force emphase (y compris dans les dimensions des toiles) des victoires françaises remportées entre 496 et 1809.

Accès par la grille de la Reine ou la porte Saint-Antoine ou depuis le château (30 mn de marche ou petit train, 20 mn, 8 €) • Mar.-dim. 12h-18h30 • ☎ 01 30 83 78 00 • www.chateauversailles.fr • Entrée : 12 € (jardins inclus hors Grandes Eaux musicales et Jardins musicaux). Passeport avec le château : 20 € (27 € durant les Grandes Eaux musicales).

Château de Versailles

Petit Trianon

❷ LES JARDINS★★★

Aménagés et agrandis par André Le Nôtre, ces jardins à la française s'articulent autour d'une ligne de fuite forte : le Grand Canal, long de 1,5 km. Représentation idéalisée de Louis XIV, Apollon domine l'immense bassin qui porte son nom et se retrouve à divers endroits parmi près de 400 œuvres d'art réparties dans le domaine. Des bosquets aménagés autour de différents thèmes s'animent aux beaux jours avec les Grandes Eaux. Sachez que le potager du Roi, non loin, se visite également *(www.potager-du-roi.fr)*.
Avr.-oct. : t. l. j. 7h-20h30 (18h bosquets) ; nov.-mars : t. l. j. 8h-18h • Accès libre hors jours de Grandes Eaux musicales et Jardins musicaux (entrée : 9,50 € ; Grandes Eaux musicales : 10,50 €).

❸ LE GRAND TRIANON★★★

Autrefois se tenait un Trianon de porcelaine, habillé de carrelage, qui abrita les amours de Louis XIV et Mme de Montespan. La passion s'éteint, et la structure éphémère fut remplacée par un durable palais de marbre rose et porphyre. C'est Jules Hardouin-Mansart qui dessina ce bâtiment de plain-pied, gorgé d'influences italiennes et singulier par son péristyle. Et c'est Mme de Maintenon, nouvelle favorite, qui l'inaugura aux côtés du monarque. Sous Charles de Gaule, une aile du Trianon devint appartement d'État. Rendu au domaine de Versailles, le palais n'accueille plus d'hôtes de la République.
Avr.-oct. : mar.-dim. 12h-18h30 ; nov.-mars : mar.-dim. 12h-17h30 • Entrée : 12 €.

❹ LE PETIT TRIANON★★★

Louis XV commanda ce petit château afin de profiter des magnifiques jardins qu'il avait fait fleurir tout autour. Son successeur, Louis XVI, décida de l'offrir à son

Pause romanesque : La Suite

Spécialités complémentaires de la maison ? Les conseils littéraires et les petits plats maison. Plus à l'aise avec les mots que les fourneaux, Lucile s'occupe du premier volet et, pour l'aspect gourmand, elle fait confiance à Cécile, chef d'un restaurant versaillais. Au menu de la librairie : des soupes, clafoutis salés, salades et autres propositions saines de saison, réunies dans des formules déjeuner dès 11,90 €.

● 98 • 3, rue Louis-le-Vau • ☎ 01 39 53 11 91 • www.librairielasuite.fr • Mar.-sam. 10h-19h.

épouse, Marie-Antoinette. Toujours à l'écoute des dernières tendances, elle balaya les efforts du passionné de botanique pour replanter dans un style anglo-chinois. Trois quarts de siècle plus tard, l'impératrice Eugénie décida de transformer le cube néoclassique d'Ange-Jacques Gabriel en un musée dédié au souvenir de la reine décapitée.

Voir Grand Trianon ci-contre pour les modalités d'accès.

❺ LE HAMEAU DE LA REINE★★★

Le grand chic vers 1780 ? L'esprit campagnard, la vie au grand air... Pour son hameau, la reine Marie-Antoinette voulait donc quelque chose qui transpire la ruralité. C'est bien sûr une version romantique qui fut proposée à cette souveraine voulant jouer à la fermière. En déambulant entre les 10 fabriques, remarquez le moulin qui ne moulut jamais aucun grain et les trompe-l'œil sur les façades simulant des fissures ou de la mousse. Rénovée en 2018, la maison de la Reine a été entièrement remeublée avec le mobilier « d'époque ». Celui de Marie-Antoinette ayant été dispersé à la Révolution, il s'agit de celui de l'impératrice Marie-Louise.

Voir Grand Trianon ci-contre pour les modalités d'accès.

❻ LE MANÈGE DE LA GRANDE ÉCURIE★★

C'est un centre de formation unique au monde qui s'est installé dans l'enceinte des écuries. Créé par Bartabas, il combine escrime, chant, tir à l'arc japonais et art équestre. À l'Académie, tous se préparent pour le spectacle *La Voie de l'écuyer*, qui anime les soirées du week-end. En matinée, les visiteurs peuvent assister aux répétitions.

Av. Rockefeller • ☎ 01 39 02 62 70 (payant) • www.bartabas.fr
• **« La Voie de l'écuyer » :** sam. 18h, dim. 15h (25 €)
• **« Les Coulisses de l'Académie équestre » :** dim. 10h30 (15 €)
• **« Découverte des écuries royales » :** mer. et sam. 13h30 et 16h30 (5 €).

Restos & bistrots

PAR QUARTIER

À SAVOIR

INFOS COVID-19

Les horaires et conditions d'ouverture des restaurants évoluent régulièrement. Pensez à téléphoner pour réserver ou vous assurer des consignes d'accueil !

COMBIEN ÇA COÛTE ?

On peut déjeuner pour 15-20 € dans un petit resto (entrée-plat ou plat-dessert). Pour le dîner, il faut plutôt compter entre 25 et 40 € par personne, voire plus dans les restaurants gastronomiques. **Il est d'usage de laisser un pourboire** au serveur ou à la serveuse quand le service est satisfaisant.

OÙ MANGER ?

À Paris, on trouve de tout et à tous les prix : de la cuisine française ou exotique, sophistiquée ou régionale, dans un petit bistrot, une brasserie animée, un café tendance ou un restaurant chic... Les **quartiers touristiques ne sont pas toujours de hauts lieux de la gastronomie,** et les prix qui y sont pratiqués dépassent souvent de beaucoup la qualité du repas servi.

HORAIRES

Bon nombre de **brasseries** servent encore à 14h30. Dans certains quartiers, le service du midi peut être assez long. Le dîner débute généralement à partir de 20h ou 20h30. Plus tôt, les **Parisiens se retrouvent pour l'apéro** de 18h à 20h et profitent des happy hours. La **réservation est vivement conseillée**, en particulier le soir.

SE REPÉRER

Chaque adresse de restaurant est associée à une pastille orange numérotée.
Vous retrouverez toutes les adresses positionnées sur le plan détachable.

LES COUPS DE CŒUR de notre auteur

Bistrots, restos, *food trucks* ou trattoria ; gastronomie ou cuisine de brasserie à la française ; salades, pizzas, *bo buns*, burgers ou pâtisseries : Paris offre l'embarras du choix pour se restaurer... Valeurs sûres ou nouvelles adresses, voici les coups de cœur de Céline Fion pour cette édition.

MAISON PLISSON

J'aime y combiner salade ou plat du terroir en terrasse puis achats à emporter dans la partie épicerie fine. Voir p. 146.

LA CACHETTE DE PARIS

Réunir en un seul lieu bar-restaurant et départ de visites guidées, j'aurais aimé y penser moi-même ! Voir p. 149.

Maison Plisson

L'Éclair de Génie

LA CRÈMERIE

Une vieille épicerie pour le cadre, une super cave à boire et une cuisine du terroir bien affutée dans l'assiette. Voir p. 136.

L'ÉCLAIR DE GÉNIE

J'ai envie de tester tous leurs éclairs, mais je succombe quasiment toujours au vanille-pécan. Valeur sûre, multitestée et approuvée. Voir p. 132.

DUCASSE SUR SEINE

Certains des plus beaux paysages parisiens livrés au fil de l'eau avec des assiettes gastronomiques : le rêve ! Voir p. 142.

MONBLEU

Adresse monomaniaque autour de l'un de mes péchés mignons : le fromage. J'y vais pour un repas ou juste pour l'apéro. Voir p. 146.

Monbleu

LE LOUVRE, LES TUILERIES ET LE PALAIS-ROYAL

Quartier 1 - p. 24

CHEZ LA VIEILLE

Traditionnel ① **Plan D3**

Réputé pour sa blanquette de veau, ce restaurant vous séduira par la qualité de sa cuisine traditionnelle française, qui sublime les saveurs du terroir : lentilles de foie gras, bouillon, boudin basque aux pommes...

1, rue Bailleul, 75001 • M° Louvre-Rivoli • ☎ 01 42 60 15 78 • www.chezlavieille.fr • Mar.-sam. 12h-14h et 18h-22h30 • Plats : 26-39 €.

ASTARA

Caviar ② **Plan D3**

Fournisseur de caviar depuis quarante ans, la vénérable maison Astara a décidé de prouver par le menu que ce luxe en grains était plus accessible qu'il n'y paraît. Aux côtés de la traditionnelle pomme de terre servie ici en version upgradée (19-69 €), se trouvent croque-caviar (18 €) et grains bruts à déguster en apéritif (du Baeri au Beluga).

7, rue des Petits-Champs, 75001 • M° Palais-Royal - Musée-du-Louvre • ☎ 09 74 19 76 70 • www.astara1981.com • Lun.-dim. 12h-14h30, 19h-22h.

Les 2 au coin

HIGUMA

Cantine japonaise ③ **Plan D3**

Au menu, une multitude de soupes, de plats de pâtes et de riz complets, riches en légumes croquants et en viandes marinées, et servis à toute allure. Un must : les *gyozas* (6 € les 7 pièces), raviolis frits savoureux, accompagnés comme il se doit de piment et de sauce soja.

32 bis, rue Sainte-Anne, 75001 • M° Pyramides • ☎ 01 47 03 38 59 • www.higuma.fr • T. l. j. 11h30-22h • Menus : à partir de 11 €.

UN JOUR À PEYRASSOL

Bar à truffes ④ **Plan D3**

La Commanderie de Peyrassol, domaine viticole du Var, a ouvert ce bar à truffes pour vous faire déguster ses vins, AOC côtes-de-provence rouge, rosé (médaillé d'or) et blanc. La cuvée Château blanc accompagne à merveille la

brouillade à la truffe (28-38 € selon la saison) ou les pommes de terre à la crème truffée. Dans la boutique, on vend le vin au prix du domaine.
13, rue Vivienne, 75002
• M° Bourse
• ☎ 01 42 60 12 92
• www.unjourapeyrassol.com
• Lun.-ven. 12h-14h et 19h30-22h (f. en août ; nov.-mars sam. soir 19h30-22h) • À la carte : de 50 à 65 €.

ENSUITE

Cantine bio ⑤ Plan D3

« Mangez bien, vivez mieux », voilà l'engagement de cette cantine *healthy* au design moderne et urbain. Ses *açaï bowls* (pulpe d'açaï, banane mixée, kiwi, granola, noix de pécan, miel et cranberries) sont un vrai régal !
112, rue Réaumur, 75001
• M° Sentier
• ☎ 09 88 03 85 85
• www.ensuite.fr
• Lun.-ven. 8h30-16h30 ; l'été sam. 10h-15h
• Plats et menus : 9,70-16 €.

VOIR AUSSI :

CLAUS

p. 26 ⑥ Plan D3

DES HALLES AU CENTRE POMPIDOU Quartier 2 - p. 30

LES 2 AU COIN

Salon de thé ⑦ Plan D2

Une adresse insolite au charme fou, qui mêle une partie salon de thé, où vous pouvez venir pour un petit déjeuner, un déjeuner healthy, un apéro ou un brunch (toute la semaine), et une partie boutique de fleurs, où vous trouverez un large choix de cactus et de plantes à caudex.
7, rue Notre-Dame-de-Bonne-Nouvelle, 75002 • M° Bonne-Nouvelle
• ☎ 01 77 12 63 41
• www.les2aucoin.fr
• Lun.-ven. 8h-17h, sam. 9h-19h, dim. 10h-17h (jusqu'à 21h30 jeu.-sam. en été)
• Assiette quiche et grande salade : 11,50 € • Plat du jour : 12,50 € ; brunch 10h-16h : 22 €.

STOHRER

Pâtisserie ⑧ Plan D3

Stohrer a ouvert ses portes en 1730. La boutique est arrivée en France dans les bagages de Marie Leszczynska, la fiancée de Louis XV, et s'est installée quelques années après rue Montorgueil, où elle demeure toujours. Au menu, décor de bonbonnière et trésors salés et sucrés *(Ali Baba au rhum, 36 €/6 pers.)*. Même la reine d'Angleterre y fit escale en 2004 !
51, rue Montorgueil, 75002
• M° Les Halles ou Étienne-Marcel
• ☎ 01 42 33 38 20
• www.stohrer.fr
• T. l. j. 7h30-20h30.

Nos classiques PARISIENS FAVORIS

Paris a le goût de ses tables d'exception, des marrons vendus au coin des rues et des traditions culinaires aussi variées que ses habitants, mais nous avons essayé d'identifier quelques saveurs typiques de la capitale française. Le menu du titi pure souche, en quelque sorte.

BOUILLON PIGALLE

Les bouillons sont de retour ! Paris plébiscite ces établissements bon marché qui célèbrent les plats traditionnels. Voir p. 150. **Montmartre et Pigalle.**

CHEZ CAMILLE

Petit salé aux lentilles, zinc et sol en damier ; la brasserie parisienne dans toute sa splendeur. Voir p. 132. **Le Marais.**

STOHRER

Le baba au rhum est encore plus grisant quand il est consommé chez son inventeur, dans la plus ancienne pâtisserie de la ville. Voir p. 129. **Les Halles.**

BO&MIE

Pour le croissant, incontournable du petit déjeuner, dans sa version pur beurre ou en déclinaisons (framboise, chocolat...). Voir p. 131. **Les Halles.**

Bouillon Pigalle

SARRA

Healthy ⑨ **Plan D3**

« *Sarrasin is coming* », clament les T-shirts du staff de cette adresse dédiée au blé noir. Les graines de la céréale bretonne finissent en salades colorées et rassasiantes (12 €) ou en *sobacha* (infusion de graines torréfiées). La traditionnelle galette de blé noir est elle aussi à l'honneur, dans une version wrap chaud (10 €), quand la farine ne sert pas de base à des sablés. Brunch le samedi (24 €).

10, rue Mandar, 75003 • M° Sentier ou Les Halles • ☎ 06 13 07 06 79 • Lun.-sam. 12h-15h.

FRENCHIE

Cave à manger ⑩ **Plan D3**

Grégory Marchand a un pied de chaque côté de la Manche, mais c'est rue du Nil que le chef a installé sa pharaonique expérience gastronomique. La table mère, installée dans une chaleureuse petite salle de briques, est étoilée depuis 2019 et vous embarque dans des voyages en trois ou cinq temps *(55 € au déjeuner ; 88 € midi et soir)*. Quelques mètres plus loin, le Frenchie Bar à Vins se veut un lieu d'échanges avec de petites portions et des assiettes à partager, tandis qu'au FTG (pour Frenchie To Go) vous trouverez hot dog haut de gamme (8 €) et autres plats de *fast-good*.

5-6, rue du Nil, 75002 • M° Sentier ou Réaumur-Sébastopol • ☎ 01 40 39 96 19 • www.frenchie-restaurant.com • Lun.-mer. 18h-22h, jeu.-ven. 12h-14h et 18h-22h. • Résa fortement conseilée • Bar à vins sans résa, t. l. j. 18h30-23h • FTG : t. l. j. 8h30-17h.

BO&MIE

Boulangerie ⑪ **Plan D3**

Créée par deux anciens de l'école Ferrandi, Bo&Mie a été pensée comme une « boulangerie de quartier », attachante, généreuse (y compris en beurre), servant du 100 % fait maison. Ces valeurs sont assorties d'un sacré sens esthétique et d'innovations gustatives. Preuve avec le croissant à la framboise, aussi bon que beau avec son tourbillon de pâte dorée et rose (1,80 €). Le dimanche, c'est brunch à volonté (22,90 €).

18, rue de Turbigo, 75002 • M° Étienne-Marcel • ☎ 09 80 53 79 53 • www.boetmie.com • Mar.-sam. 7h30-20h, dim. 8h-16h • Croissant classique : 1,20 € ; sandwich : 4,50 €.

PIROUETTE

Néobistrot ⑫ **Plan D3**

Équilibriste du piano, voltigeur des saveurs, François-Xavier Ferrol nous régale de ses pirouettes. Dans son néobistrot chic et choc, à deux pas des Halles, l'ancien du Meurice rejoue le répertoire classique avec des notes de fantaisie. Carte des vins juste et étourdissante.

5, rue Mondétour, 75001 • M° Étienne-Marcel ou Les Halles • ☎ 01 40 26 47 81

• www.restaurantpirouette.com • Lun.-sam. 12h-14h et 19h30-22h • Formule midi : 26 € (entrée + plat + dessert) • Menu « Pirouette » : 49 € • Menu dégustation : 65 €.

VOIR AUSSI :

MARCELLE

p. 33 (13) Plan D3

LE MARAIS ET LA PLACE DES VOSGES Quartier 3 - p. 34

CHEZ CAMILLE

Traditionnel (14) Plan E4

En plein cœur du Marais, un joli resto typiquement parisien, qui célèbre la bonne cuisine française sous toutes ses formes. Le menu quotidien se déroule sur de grandes ardoises. Ne manquez pas le pot-au-feu maison (22 €) ou le saucisson lyonnais aux lentilles. Accueil souriant, service efficace.
24, rue des Francs-Bourgeois, 75003 • M° Saint-Paul • ☎ 01 42 72 20 50 • T. l. j. 7h30-23h30 • Formule midi : 25 € en sem. ; 26 € sam.-dim.

L'ÉCLAIR DE GÉNIE

Pâtisserie (15) Plan E4

En véritable artiste, le chef pâtissier Christophe Adam y décline l'éclair en version haute couture. Les classiques (vanille-noix de pécan, chocolat grand cru, praliné) se mêlent aux créations uniques aux saveurs originales qui changent tous les mois (pistache-orange, citron yuzu, framboise *crispy*...).
14, rue Pavée, 75004 • M° Saint-Paul • ☎ 01 42 77 85 11 • http://leclairdegenie.com • T. l. j. 11h-19h30 • éclairs : 5,50-6,50 €.

Yann Couvreur

LES PINCES

Fruits de mer ⑯ **Plan E4**

Cette adresse monomaniaque a été créée par quatre amis tombés sous le charme du homard « à l'américaine » : servi brut ou dans un pain brioché, avec des frites. Les crustacés (venus de Bretagne, du Canada ou des États-Unis) patientent dans le vivier au sous-sol avant de remonter entiers et rôtis ou lovés dans un *lobster roll*. Pour la touche *surf & turf* (et les éternels carnassiers), une impressionnante côte de bœuf (500 g) est également au menu. Trois plats et un seul prix : 26 €.

29, rue du Bourg-Tibourg, 75004 • M° Saint-Paul
• ☎ 09 83 56 47 93
• www.lespinces.com
• T. l. j. 12h-14h15 (15h sam.-dim.) et 19h-22h30 (23h ven.-sam.).

COMME À LISBONNE / TASCA

Portugais ⑰ **Plan E4**

Dans un cadre typique composé d'*azulejos* (faïence traditionnelle portugaise), dégustez une assiette garnie de *tostas* (environ 11 €), l'équivalent portugais du croque-monsieur ; et pour le dessert, l'incontournable *pastel de nata* servi tiède (3 €) et accompagné d'un café.

37, rue du Roi-de-Sicile, 75004
• M° Saint-Paul
• ☎ 07 61 23 42 30
• www. commealisbonne.com/fr
• Mar.-dim. 11h-19h (salon de thé 15h-18h30).

YANN COUVREUR

Pâtisserie ⑱ **Plan E4**

Kouign-amann, tarte pistache d'Iran, merveille praline ? Laissez-nous vous aider dans votre choix difficile en vous orientant vers la signature du chef : le mille-feuille à la vanille (10 €) ! Délicat empilement de fins biscuits au sarrasin et d'une crème à l'épice reine, préparé à la minute directement pour l'assiette ; il est un plaisir éphémère qui ne se vit que sur place. Pour les envies salées, gamme de quiches aux allures d'entremet de palace (dès 5,90 €).

23 bis, rue des Rosiers, 75004
• www.yanncouvreur.com
• T. l. j. 10h-20h.

MARCHÉ DES ENFANTS-ROUGES

Sur le pouce ⑲ **Plan E3**

Ce petit marché, l'un des plus anciens de Paris, doit son nom à l'orphelinat aujourd'hui disparu dans lequel les enfants étaient parés de capes rouges. Au milieu des étals de poissons, de fromages, de viandes et de fleurs, plusieurs stands et traiteurs où l'on peut commander un plat du jour à déguster sur les tables en plein air aux beaux jours. Un marché où déguster la cuisine du monde dans toute sa splendeur : Japon, Maroc ou France.

39, rue de Bretagne, 75003 • M° Temple ou Filles-du-Calvaire • Mar.-sam. 8h30-20h30, dim. 8h30-17h.

POZZETTO GELATO

Glaces ⑳ Plan E4

Après une longue promenade dans les ruelles du Marais, Pozzetto vous invite à la pause avec ses glaces qui ont pignon sur rue. Ici, vous dégusterez un vrai *gelato* aux parfums classiques et exquis. Goûtez la pistache, qui n'est point vert fluo, mais bien plus foncée et, plus important, au réel goût de pistache ! Et si le *gelato* ne vous tente pas, laissez-vous tenter par un excellent *caffè*, fermez les yeux, et l'Italie est là, à portée de lèvres.

39, rue du Roi-de-Sicile et 16, rue Vieille-du-Temple, 75004 • M° Hôtel-de-Ville ou Saint-Paul • ☎ 01 42 77 08 64 • Lun.-jeu. 12h-23h30, ven.-sam. 12h-0h45, dim. 12h-minuit • Glace : à partir de 4 €.

L'AS DU FALLAFEL

Israélien ㉑ Plan E4

Depuis 1979, L'As du Fallafel tourne sans discontinuer. Ce petit restaurant est renommé pour sa cuisine israélienne et ses falafels, les meilleurs de Paris. Si l'on veut une place assise, mieux vaut arriver avant l'heure de pointe (13h), sinon il y a toujours le service de vente à emporter (et la queue !).

32-34, rue des Rosiers, 75004 • M° Saint-Paul • ☎ 01 48 87 63 60 • Dim.-jeu. 11h-minuit, ven. 11h-16h (19h en été) • Assiette falafels : 16 € ; falafels (à emporter) : à partir de 6,50 €.

VOIR AUSSI :

EATALY

p. 37 ㉒ Plan E4

SAINT-PAUL ET L'ÎLE SAINT-LOUIS Quartier 4 - p. 40

LE TRÉSOR

Traditionnel **㉓ Plan E4**

Ce restaurant est un petit coin de paradis à l'abri du tumulte parisien. Il dispose même d'une jolie terrasse ombragée, très appréciée aux beaux jours. Allez-y pour son aligot fait maison (9 €), sa super-sélection de viandes d'Aubrac et ses délicieux fromages auvergnats.

9, rue du Trésor, 75004 • M° Saint-Paul ou Hôtel-de-Ville • ☎ 01 42 71 35 17 • www.restaurantletresor.com • Dim.-jeu. 12h-23h, ven.-sam. 12h-minuit.

LES FOUS DE L'ÎLE

Traditionnel **㉔ Plan E4**

Dans un quartier où il est plus facile de trouver des attrape-touristes que des repaires d'habitués, Émilie et Boris ont choisi leur camp : accueil souriant, produits de qualité et déco pétillante. Le chef Steven Rouquier mise sur une cuisine très travaillée. Filet de daurade à la plancha, paleron de bœuf au vin rouge. Formule 3 services à 36 € le soir.

33, rue des Deux-Ponts, 75004 • M° Pont-Marie • ☎ 01 43 25 76 67 • www.lesfousdelile.com • T. l. j. 10h-minuit.

Berthillon, p. 136

LE CHANARD

Traditionnel ㉕ **Plan E4**

Un esprit brocante rustique-moderne très agréable et une cuisine au top avec des produits frais et de saison ! La cave ouverte au sous-sol délivre d'intéressants flacons. Accueil chaleureux.

8, rue Saint-Paul, 75004
• M° Saint-Paul
• ☎ 01 48 04 75 89
• t. l. j. 19h-2h
• Formules midi : 15-20 €.

L'ÉBOUILLANTÉ

Café ㉖ **Plan E4**

Sur les pavés de la rue piétonne, en plein soleil et face au chevet de Saint-Gervais-Saint-Protais, la terrasse de ce restaurant est un petit paradis très prisé dès les beaux jours ! On peut y faire une dînette à midi avec des bricks, des salades copieuses ou la formule du jour (15 €) et prendre un thé avec une pâtisserie au goûter.

6, rue des Barres, 75004
• ☎ 01 42 74 70 52 • Hiver : mar.-dim. 12h-19h • Été : t. l. j. 12h-23h (fermeture des cuisines : 22h)
• Brunch dim. : 12h-15h.

VOIR AUSSI :

BERTHILLON

p. 42 ㉗ **Plan E4**

L'ÎLE DE LA CITÉ ET NOTRE-DAME Quartier 5 - p. 44

COMME CHAI TOI

Bistrot ㉘ **Plan D4**

Convivialité, portions généreuses : comme le suggère l'enseigne, c'est « comme à la maison ». Quelle jolie maison ! Et surtout, quel vis-à-vis ! Pile en face de Notre-Dame, ce bistrot propose une cuisine familiale traditionnelle sans prétention ni maladresse.

13, quai de Montebello, 75005
• M° Maubert-Mutualité • ☎ 01 46 34 66 12 • www.commechaitoi.fr
• Lun.-ven. 19h-22h, sam.-dim. 12h-14h, 19h-23h • À la carte : 20-29 €.

VOIR AUSSI :

LE PETIT PLATEAU

p. 47 ㉙ **Plan D-E4**

LE QUARTIER LATIN Quartier 6 - p. 48

LA CRÈMERIE

Bistronomie ㉚ **Plan D4**

Difficile de faire un lieu qui symbolise mieux la rencontre de la tradition et de l'air du temps. C'est sous un sublime plafond peint à la main du XIXe, dans une ancienne épicerie de caractère aux murs couverts de bouteilles de vin bien élevé, que le chef japonais Tsuyoshi Yamakawa joue avec les classiques bistrotiers. Le soir, petites portions à combiner.

9, rue des Quatre-Vents, 75006 • M° Odéon • ☎ 01 43 54 99 30 • lacremerie.paris • Lun. 11h-14h30, mar.-sam. 11h-14h30 et 18h-22h • Formule déj : 20 €.

LES PAPILLES

Bistrot ㉛ **Plan D5**

Superbe bistrot, cave à vins et épicerie fine, situé à proximité du jardin du Luxembourg. Le décor typique avec son bar de zinc, ses étagères de bouteilles et son carrelage coloré se marie parfaitement à la cuisine : boudin noir, escargots de Bourgogne en persillade, ris de veau... La purée montée à l'huile d'olive et à la mousse de lait est un régal !

30, rue Gay-Lussac, 75005 • M° Luxembourg • ☎ 01 43 25 20 79 • www.lespapillesparis.fr • Mar.-sam. 12h-14h et 19h-22h30 • Formules : 22, 28 et 35 € (midi), 38 € (soir).

ODETTE

Pâtisserie ㉜ **Plan D4**

Derrière les adorables boudoirs et délicates adresses gourmandes se cache souvent un souvenir sucré de l'enfance. Ce comptoir à choux raconte l'histoire de Frédéric Berthy, un ancien de Microsoft qui a tout quitté pour retrouver le goût de la crème et des douceurs que sa grand-mère lui préparait tous les mercredis. Des bombes de nostalgie réconfortantes (1,90 €), déclinées en neuf versions. À emporter ou

Les Papilles

à déguster dans le salon de poche à l'étage, face à Notre-Dame.
77, rue Galande, 75005 • M° Saint-Michel • ☎ 01 43 26 13 06 • www.odette-paris.com • T. l. j. 10h30-19h30.

VOIR AUSSI :

SHAKESPEARE & COMPANY CAFÉ

p. 51 ㉝ Plan D4

DU PANTHÉON AU JARDIN DES PLANTES Quartier 7 - p. 52

LE COUPE-CHOU

Traditionnel ㉞ Plan D4

La façade recouverte de lierre plante le décor de ce restaurant intimiste au charme d'antan. Ses poutres apparentes et sa jolie cheminée créent une ambiance cosy. On y trouve une cuisine traditionnelle française et gourmande. En dessert, laissez-vous tenter par le mille-feuille ultra-crémeux, fait maison.
11, rue de Lanneau, 75005 • M° Maubert-Mutualité • ☎ 01 46 33 68 69 • www.lecoupechou.com • T. l. j. 19h-22h30 • Plats : 22-36,50 €.

VOIR AUSSI :

STRADA CAFÉ

p. 54 ㉟ Plan D5

L'ENCLOS DE NINON

p. 57 ㊱ Plan D5

LE LUXEMBOURG ET SAINT-GERMAIN-DES-PRÉS
Quartier 8 - p. 60

LE CHOUPINET

Bistrot ㊲ Plan D4-5

Le Choupinet sait manier les codes de ce qui marche : le nom qui fait sourire, la déco entre végétation et tomettes XXL, les nounours géants avec lesquels prendre la pose... et les assiettes qui ne trichent pas. Tout est fait maison et balance entre intemporels (poulet purée, croques, artichaut vinaigrette) et *hits* du moment (burger veggie Beyond meat, salade quinoa saumon).
58, bd Saint-Michel, 75006 • M° Cluny-La-Sorbonne et RER Luxembourg • ☎ 01 42 03 09 93 • www.lechoupinet.com • T. l. j. 8h-2h • Plats : 14-21 €.

EGGS & CO.

Spécialités à l'œuf ㊳ Plan C4

Non, l'œuf n'est pas triste, il offre même une multitude de recettes possibles au petit déj, brunch, déjeuner ou goûter. En témoigne cette adresse qui met les œufs

Notre top BISTRONOMIQUE

Classique, chic, gastronomique, le bistrot se réinvente sans cesse avec des chefs toujours plus gourmands. Voici nos adresses pour déguster de la grande cuisine à prix abordable.

Pirouette

PIROUETTE

Un cadre élégant pour une cuisine savoureuse et raffinée. Voir p. 131. **Les Halles.**

H. KITCHEN

Un équilibre parfait entre la tradition française et l'héritage japonais d'un chef d'Osaka. Voir p. 156. **Montparnasse.**

LA CRÈMERIE

Dans un lieu chargé d'histoires gourmandes, la rencontre d'une superbe cave et d'un chef qui flatte le terroir. Voir p. 136. **Le Quartier Latin.**

LE PANTRUCHE

Son atmosphère gouailleuse et canaille sent bon le Paris d'antan. Voir p. 147. **Pigalle.**

Eggs & Co

extra-frais dans tous leurs états : au plat, cocotte, brouillés ou bénédicte, avec les ingrédients que vous aurez choisis pour les accompagner. Petit détail amusant : la salle du 1er étage a été baptisée « le poulailler ». L'histoire ne dit pas si c'est à cause des demoiselles qui y caquettent gaiement...
11, rue Bernard-Palissy, 75006 • M° Saint-Germain-des-Prés • ☎ 01 45 44 02 52 • www.eggsandco.fr • Lun.-mar. et jeu.-ven. 10h-17h, sam.-dim. 10h-18h • Brunch t. l. j. : à partir de 22 €.

LA MAISON DE THÉ - LA MAISON DE LA CHINE

Salon de thé ㊴ **Plan C4**

La Maison de la Chine est aussi une maison de thés. Dès 10h, on peut venir en déguster des verts, des bleus, des rouges, des noirs et des blancs, des breuvages sublimes sélectionnés directement en Chine. Les prix varient entre 12,50 et 22 € les 100 g. Pour une pause déjeuner, on dégustera de la cuisine chinoise, à partir de 5 €.
76, rue Bonaparte, 75006 • M° Saint-Sulpice • ☎ 01 40 51 95 17 • www.maisonduvoyage.com • Lun.-sam. 10-19h (salon de thé) ; restauration : 12h-14h30 • Menu : 18 € • Brunch sam. (12h-15h) : 26 €.

DUPIN

Traditionnel ㊵ **Plan C4**

À côté du Bon Marché, dans une petite rue tranquille, Dupin propose sous ses poutres anciennes une délicieuse cuisine française traditionnelle. Les spécialités les plus appréciées ? En entrée, pois chiches, curcuma et mousseline, pickles et socca ; en plat, navet rôti au miel et filet de canette caramélisée ; et en dessert, un baba au rhum et sa crème épaisse vanillée...
11, rue Dupin, 75006 • M° Sèvres-Babylone • ☎ 01 42 22 64 56 • www.restaurantdupin.com • Mar.-sam. 12h-15h et 19h-22h30 • Menu déjeuner : 30 € ; menu découverte : 42 € ; menu dégustation : 56 €.

MAMIE GÂTEAUX

Traditionnel ㊶ **Plan C4**

Cela fleure bon un parfum suranné qui rappelle l'enfance.

Nappes façon torchon, bols en porcelaine et fourneau en fonte émaillée : bienvenue chez Mamie Gâteaux, qui s'est installée dans une ancienne librairie, autrefois fréquentée par Aragon. Soupes (5,50 €), tartes salées (10,50 €) et desserts savoureux (5 €). La tarte lardons-brocolis et le gâteau poires-noisettes valent le détour. Accueil charmant.

66, rue du Cherche-Midi, 75006 • M° Saint-Placide • ☎ 01 42 22 32 15 • www.mamie-gateaux.com • Mar.-sam. 11h45-18h45 (18h la cuisine).

YOOM

Chinois ㊷ **Plan D4**

Le palais du *dim sum*, ces délices asiatiques cuits dans des paniers vapeurs ou frits et dont on ne fait qu'une bouchée. *Siu-Mai, Baozi, Har Gau,* toutes les versions sont là, avec des déclinaisons à base de poulet-cacahuètes, bœuf-basilic ou crevettes-curry. Dans la tendance, la carte propose une variation sans gluten. Dès 5 € à la pièce, formules entre 15 et 26 €.

5, rue Grégoire-de-Tours, 75006 • M° Mabillon • ☎ 01 43 54 94 56 • www.yoom.fr • T. l. j. 12h-15h et 18h30-23h.

MICHALAK

Pâtisserie ㊸ **Plan C4**

Ancien chef pâtissier du Plaza Athénée, Christophe Michalak a ouvert plusieurs pâtisseries à Paris. On se régale de son incontournable Miss K, sa religieuse signature au caramel beurre salé. On aime aussi les cakes en forme de calisson, en taille XL, au sirop d'érable, agrumes, chocolat... et autres plaisirs sucrés : Kalin (ours en guimauve enrobé de chocolat), Kub (nougats et caramels)...

8, rue du Vieux-Colombier, 75006 • M° Saint-Sulpice • ☎ 01 45 49 44 90 • www.christophemichalak.com • Dim.-ven. 11h-19h, sam. 11h-20h • Pâtisserie : 7-9 €.

JUDY THE GOOD LIFE

Cantine bio ㊹ **Plan C5**

Située à côté du jardin du Luxembourg, cette cantine healthy est aussi calme que reposante, avec des plantes vertes un peu partout. La carte fait la part belle aux plats sains comme des *açaï* ou *Buddha bowls* (mélange de légumes crus et cuits, céréales à 9 €), des clubs-sandwichs chou kale (12 €), des soupes survitaminées, des smoothies pressés minute (8 €).

18, rue de Fleurus, 75006 • M° Saint-Placide • ☎ 01 43 25 54 14 • www.judy-paris.com • Lun.-ven. 8h-18h30, sam.-dim. 9h-19h.

VOIR AUSSI :

BREIZH CAFÉ

p. 63 ㊺ **Plan D4**

DU MUSÉE D'ORSAY AUX INVALIDES Quartier 9 - p. 66

LE BELHARA

Bistrot ㊻ **Plan B4**

Ce bistrot chic aux banquettes en velours rouge, grand comptoir en bois et carrelage à l'ancienne, est idéal pour un déjeuner entre amis ou un repas en amoureux. Le chef, formé chez Loiseau, Guérard, Ducasse et Arrambide, propose une cuisine bistronomique aux accents basques.

23, rue Duvivier, 75007
• ☎ 01 45 51 41 77
• www.bistrotbelhara.com
• Mar.-sam. 12h-14h30 et 19h-22h30
• Formules midi : 15-34 €
• Menu soir : 41-60 €.

VOIR AUSSI :

BEAUPASSAGE

p. 69 ㊼ **Plan C4**

LA TOUR EIFFEL ET LE TROCADÉRO Quartier 10 - p. 70

SCHWARTZ'S DELI

Américain ㊽ **Plan A3**

À quelques encablures du Trocadéro, découvrez un petit coin de New York avec ce *diner*. Quatorze burgers sont à la carte, du plus classique à la version foie gras poêlé, mais la grande spécialité de la maison, ce sont les sandwichs chauds au pastrami. Déco typique avec banquettes et briques.

Schwartz's Deli

7, av. d'Eylau, 75016
• M° Trocadéro • ☎ 01 47 04 73 61
• www.schwartzsdeli.fr
• Lun.-ven. 12h-15h et 19h30-23h, sam.-dim. 12h-17h et 19h-23h30 (23h dim.) • Plats : 13-25 €.

DUCASSE SUR SEINE

Croisière ㊾ **Plan A3**

Les bords de Seine sont l'un des arrière-plans les plus magiques dont puissent rêver les gourmets, mais les assiettes à la hauteur du cadre se sont longtemps fait attendre. Alain Ducasse a relevé le défi avec brio, en misant sur une cuisine contemporaine gorgée de tradition et une flotte de bateaux électriques, à la fois

écologiques et silencieux.
Port Debilly, 75116 • M° Trocadéro • ☎ 01 58 00 22 08 • www.ducasse-seine.com • Croisières de 2 h à 12h45 et 20h30.

VOIR AUSSI :

BAĀGAĀ BURGER

p. 73 (50) Plan A3

L'ARC DE TRIOMPHE ET LES CHAMPS-ÉLYSÉES

Quartier 11 - p. 76

LADURÉE

Salon de thé (51) Plan B2

Deux coques de meringues italiennes assemblées et garnies d'une ganache, qui affolent les gourmets ; si le macaron affiche ses couleurs aux quatre coins de la ville, Ladurée fut l'une des premières maisons parisiennes à le commercialiser. Et si certains estiment que la maison historique est victime de son succès, le salon des Champs-Élysées demeure une institution. Profusion de pâtisseries et ambiance cosy. Testez l'inévitable macaron (2,60 €), un délice !
75, av. des Champs-Élysées, 75008 • M° George-V • ☎ 01 40 75 08 75 • www.laduree.fr • T. l. j. 7h30-23h (minuit sam. et 22h dim.).

CHEZ SIMONNE

Sur le pouce (52) Plan B2

Une cantine pour déjeuner sur le pouce de petits plats simples, frais, légers et savoureux, à deux pas des Champs-Élysées : coquillettes-jambon-truffe, écrasé de pommes de terre des Landes et ciboulette... Et aussi, des salades et d'excellents sandwichs baguettes dans la tradition française.
8, rue d'Artois, 75008 • M° Franklin-D.-Roosevelt • ☎ 01 53 75 15 52 • Lun.-ven. 11h45-14h30.

Les néoguinguettes

Immortalisées par les impressionnistes, elles ont réinvesti la capitale ces dernières années et il y en a pour tous les goûts !

Pour les pieds marins, ambiance *food trucks* et musique *live* à **La Javelle** *(port de Javel Bas, 75015, hors plan par A5, M° Javel-André-Citroën)*, tandis que le **Rosa Bonheur sur Seine** nous en met plein la vue avec le Grand Palais en toile de fond *(p. 170, plan B3)*. Les plus terre à terre seront séduits par l'ambiance bohème cocktail-pizza du **Pavillon Puebla**, installé dans le parc des Buttes-Chaumont *(39, av. Simon-Bolivar, 75019 ; M° Buttes-Chaumont ; www.leperchoir.tv)*.

VOIR AUSSI :

FOODCOURT GALERIES LAFAYETTE

p. 78 (53) Plan B2

DE LA MADELEINE À L'OPÉRA Quartier 12 - p. 80

TORAYA

Japonais (54) Plan C3

Ancestrale maison du pays du Soleil-Levant, Toraya s'est installée à Paris il y a plus de 30 ans pour sensibiliser les palais français aux douceurs traditionnelles japonaises. Vous y trouverez un vaste assortiment de *namagashi, manju* (5 €) et *yokan* (5 €), et bon nombre de pâtisseries saisonnières. Si l'on s'y rend surtout à l'heure du thé, l'enseigne propose aussi de très appréciables formules déjeuner.

10, rue Saint-Florentin, 75001 • M° Concorde ou Madeleine • ☎ 01 42 60 13 00 • www.toraya-group.co.jp/paris/ • Lun.-sam. 10h30-19h • Menu déjeuner : à partir de 31,70 €.

COJEAN

Bar à salades (55) Plan C2

Directement inspiré des *salad bars* américains, le défenseur du « sur le pouce » chic et de qualité essaime dans toute la capitale : Alain Cojean y a ouvert une vingtaine d'adresses, dont celle-ci. Tenues des serveurs bleu ciel, comme les murs, déco épurée et produits très frais. Au menu, un large choix de salades (à partir de 8,30 €), de soupes, de jus de fruits frais divins (et jus de fruits et légumes pressés bio), de clubs-sandwichs (9,10 €) ou végétariens (8,90 €) et de plats du jour.

6, rue de Sèze, 75009 • M° Madeleine • ☎ 01 40 06 08 80 • www.cojean.fr • Lun.-ven. 8h-18h, sam. 10h-18h • Soupes : 5,70 €.

LE PETIT VENDÔME

Sur le pouce (56) Plan C2-3

À deux pas des bijouteries chics, une enclave populaire où bleus de travail et cols blancs font la queue devant le comptoir pour un authentique jambon-beurre ou un sandwich à composer soi-même à base de produits du terroir.

8, rue des Capucines, 75002 • ☎ 01 42 61 05 88 • www.lepetitvendome.fr • Lun. 8h30-16h30, mar.-ven. 8h30-2h, sam. 10h30-2h • Sandwichs : 5-8 €.

LAFAYETTE GOURMET

Food court (57) Plan C2

Interdit aux indécis, cet antre pour gourmets rassemble des dizaines de comptoirs proposant des produits d'exception et des coins de dégustation. Du sandwich de compétition (dès 6 €) à l'« éclair de génie » signé Christophe Adam (5 € env.), tout le monde y trouvera son compte.

Nos meilleurs BRUNCHS

Le gargantuesque repas sucré-salé du week-end était un peu sur le déclin dans la capitale, mais il mobilise à nouveau les foules au sortir de grasse matinée grâce à des propositions variées et bien balancées.

CHEZ JUSTINE

Ne dites pas brunch, mais « repas du dimanche ». Un menu inspiré du *Sunday roast* anglo-saxon, version fraises. Formule 20 € : plat, café, dessert. Voir p. 153. **Oberkampf.**

SARRA

Sarra, c'est le diminutif de sarrasin, mais le week-end l'adresse s'ouvre aux *avocado toasts* et autres granolas. Formule 24 € : œufs brouillés, plat, dessert, jus frais, café. Voir p. 131. **Les Halles.**

LA CACHETTE DE PARIS

Le brunch relax et « fait maison », à coupler avec une visite guidée de Montmartre. Formule 25 € : brioche, café, jus bio, plat du jour, dessert (visite 12 €). Voir p. 149. **Montmartre.**

IMMERSION

Pour savourer à fond son long week-end, rien de tel que de s'offrir un brunch en semaine. Toute la carte est dédiée à ce repas qui s'étire. Voir p. 152. **Oberkampf.**

35, bd Haussmann, 75009 • ☎ 01 42 82 34 56 • http://haussmann.galerieslafayette.com • Lun.-sam. 8h30-21h30, dim. 11h-20h.

VOIR AUSSI :

MAISON PLISSON

p. 81 ⑤⑧ Plan C3

LES GRANDS BOULEVARDS ET LES PASSAGES

Quartier 13 - p. 84

BOUILLON CHARTIER

Traditionnel ⑤⑨ Plan D2

Un « bouillon » comme on n'en fait plus (classé). Il existe depuis 1896 et sert plus de 1 500 couverts par jour. Un décor 1900, une grosse horloge, une verrière... et tous les classiques de la cuisine française.

7, rue du Faubourg-Montmartre, 75009 • M° Grands-Boulevards • ☎ 01 47 70 86 29 • www.bouillon-chartier.com • T. l. j. 11h30-minuit • Formule du jour : 19 € env.

MONBLEU

Fromagerie ⑥⓪ Plan D2

Expérience parfaitement affinée au menu de ce resto spécialisé dans le fromage. On y est accueilli par un Tour de France des meules et galettes bien moulées (qui peuvent être emportées pour vos pique-niques) avant de pénétrer dans une salle au goût de l'époque. La star, c'est bien sûr le plateau de fromages ou les déclinaisons cuites (raclette, coquillettes au

Street food et food markets

Le Camion Qui Fume *(lecamionquifume.com)* et **Cantine California** *(www.cantinecalifornia.com)* ont lancé la mode des *food trucks* (et des burgers gourmets). La dernière tendance ? Les *food court*. Les grands magasins, comme **Le Bon Marché** ou les **Galeries Lafayette** (p. 144) ont leur concentration de comptoirs gourmands. Et de nouveaux acteurs de la restauration charment la capitale avec des halles à manger XXL dans lesquelles s'alignent stands ou restaurants, à l'image de **Ground Control** et sa cuisine du monde (p. 155) ou des méditerranéens **Eataly** (p. 134) et **La Felicità** (p. 153). Autre lieu de rendez-vous plébiscité : le **Food Market**, marché gourmand qui pose ses casseroles à Belleville un jeudi par mois, avec des saveurs venues du monde entier et des tarifs qui ne dépassent jamais les 10 € *(www.lefoodmarket.fr)*.

comté, cheeseburger ; 17 €), mais les blasés du lait cru trouveront également de quoi passer un bon moment.

37, rue du Faubourg-Montmartre, 75009 • M° Le Peletier ou Richelieu-Drouot • ☎ 01 45 89 23 96 • www.monbleu.fr • Lun.-sam. 12h-23h, dim. 11h30-16h.

BOUILLON 47

Bistrot **61 Plan D2**

C'est le vrai bon bistrot à l'ancienne, une cuisine authentique où l'on se presse pour déguster son bouillon de vrais champignons de Paris, servi dans une belle porcelaine de Limoges ou sa souris d'agneau de Privence confite. En dessert, la pavlova ananas Victoria et mangue comblera les gourmands.

47, rue de Rochechouart, 75009 • M° Cadet ou Anvers • ☎ 09 51 18 66 59 • www.bouillonparis.fr • Mar.-sam. 12h-14h et 19h15-21h45 (22h30 ven.-sam.) • Formules midi (mar.-ven.) : 21-28 €.

BIEN ÉLEVÉ

Bistrot moderne **62 Plan D2**

Ce bistrot moderne privilégie les bonnes viandes : volaille fermière de Licques, pavé de rumsteak Black Angus ou encore côte de bœuf maturée, préparez-vous à savourer de délicieuses pièces (21 € le plat). Les desserts aux saveurs originales sont tout aussi réussis : pavlova aux fruits exotiques, etc. (8 €).

47, rue Richer, 75009 • M° Le Peletier • ☎ 01 45 81 44 35 • www.bieneleve.fr • Lun.-sam. 12h-14h et 19h30-22h • Plat du jour : 14 € • Formules : 19-37 €.

Le Pantruche

VOIR AUSSI :

JOYEUX

p. 87 **63 Plan D2-3**

MONTMARTRE, PIGALLE ET LE SACRÉ-CŒUR

Quartier 14 - p. 90

LE PANTRUCHE

Bistronomie **64 Plan D1**

Le nom de ce bistrot gourmet est un clin d'œil au titi, puisqu'il signifie le « Parisien » en vieil

Notre sélection POUR MANGER SUR LE POUCE

Entre deux visites, on ne prend pas toujours le temps de s'attabler. Ce n'est pas une raison pour mal manger ! Paris regorge d'adresses minute pour se régaler sur le pouce.

L'AS DU FALLAFEL

L'un des meilleurs de Paris, situé en plein cœur du Marais. Il y a souvent du monde. Voir p. 134. **Le Marais.**

COJEAN

Une cuisine fraîche et équilibrée, rythmée par les saisons. Omnivores, végétariens, locavores ou végétaliens, tout le monde y trouve son compte. Voir p. 144. **Opéra.**

CHEZ SIMONNE

Près des Champs-Elysées, des produits distingués pris en sandwich dans une baguette moelleuse. Voir p. 143. **Champs-Élysées.**

GROUND CONTROL

Dans une friche ferroviaire, une vingtaine d'échoppes gourmandes en provenance du monde entier. Voir p. 155. **Bastille.**

argot. L'établissement mise sur une gastronomie à la française : cocotte de volaille, ris de veau... avec un excellent pavé de lieu jaune de ligne et sa mousseline de panais au cédrat. Un régal qui se prolonge avec les desserts, dont l'incontournable soufflé au Grand Marnier.

3, rue Victor-Massé, 75009 • M° Pigalle • ☎ 01 48 78 55 60 • www.restaurant-lepantruche.com • Lun.-ven. 12h30-14h30 et 19h30-22h30 • Menu midi : 19 € ; menu soir : 38 €.

SYLON DE MONTMARTRE

Café — ⑥⑤ **Plan D1**

Autour de son cœur de savoir-faire le café, Sylon a tissé un cocon bio à quelques pas des Abbesses. Parfait pour un petit-déj (12 €), un brunch ou un café en méthode douce (4-5 €) accompagné d'un gâteau maison. Plats du jour pour le déj.

4 bis, rue Piemontesi, 75018 • M° Abbesses • ☎ 09 50 34 19 21 • Lun.-mar. et jeu.-ven. 9h-17h ; sam.-dim. 10h-17h.

MA BICHE

Traditionnel **66 Plan D1**

Copains comme cochons, Serge et Pascal avaient prévu d'ouvrir un resto qui s'appellerait « Ma Poule ». Le nom était déposé ; ce sera donc « Ma biche » ! Heureusement, personne n'avait breveté la cuisine généreuse qui se construit bien en amont des casseroles, dans la rencontre avec des producteurs, alors ils creusent ce sillon avec chaleur, sur les flancs de la Butte.

12, rue Véron, 75018 • M° Abbesses ou Pigalle • ☎ 01 42 58 22 20 • www.mabiche-restaurant.com • T. l. j. dès 19h et sam. 12h-14h, dim. 12h-15h pour le brunch (24 €).

LE MOULIN DE LA GALETTE

Traditionnel **67 Plan D1**

Situé à proximité du Sacré-Cœur, ce restaurant mythique a fait la légende de Montmartre, où le Tout-Paris du monde du spectacle accourait jadis. Sur une des tables, vous apercevrez une plaque en hommage à Dalida, qui en avait fait sa cantine. Ce bistrot chic vous propose une cuisine française et des viandes au goût braisé.

83, rue Lepic, 75018 • M° Lamarck-Caulaincourt • ☎ 01 46 06 84 77 • www.moulindelagaletteparis.com • T. l. j. 12h-22h30 • Formule midi : 13,50-16,50 € ; menus : 31-39 €.

LA CACHETTE DE PARIS

Bistrot **68 Hors plan par D1**

Julie, Théo et Marion ont rêvé d'un lieu-univers, qui ressemble aux cabanes que l'on se crée enfant. Une adresse de copains qui aiment cuisiner des gâteaux et prendre l'apéro. Un cocon éthique, avec des produits qui font du bien. Ils l'ont créé dans les hauteurs de Montmartre et invitent à sortir de la cachette pour découvrir le quartier avec Théo, le guide conférencier de la bande (visites les samedis et dimanches, 12 €).

151 bis, rue Marcadet, 75018 • M° Lamarck-Caulaincourt • ☎ 09 54 42 40 80 • www.lacachettedeparis.fr • Mer.-dim. 10h30-19h • Petit déj : 8,50 € ; plat du jour : 10,50 €.

La Cachette de Paris

Le Pavillon des Canaux

SCARAMOUCHE

Glacier ⑥⑨ Plan D1

La Provence déclinée en 30 parfums de glaces et de sorbets artisanaux (3 € la boule) : lavande de Céreste, miel-thym, amande-calisson, melon, nougat, mille et une nuit... On entendrait presque les cigales chanter. Avant de grimper jusqu'au Sacré-Cœur, ou en redescendant, obligé de s'y arrêter.

22, rue la Vieuville, 75018
• M° Abbesses • ☎ 09 52 48 42 51
• www.glaces-scaramouche.com
• Mars-sept. : mar.-dim. 14h-23h.

SOUL KITCHEN

Coffee shop ⑦⓪ Plan D1

Dans ce petit coffee shop à la française, aux airs de maison de campagne, on vient volontiers le matin pour commencer sa journée en douceur autour d'un bon *latte* crémeux, manger une assiette healthy et gourmande le midi ou s'accorder une pâtisserie accompagnée d'un petit noir de classe La Marzocco pour le goûter.

33, rue Lamarck, 75018
• M° Lamarck-Caulaincourt
• ☎ 01 71 37 99 95
• Lun.-ven. 8h45-18h ; fermé sam.-dim. • Formules : 14,50 €.

VOIR AUSSI :

LA BOSSUE

p. 92 ⑦① Plan C1

BOUILLON PIGALLE

p. 94 ⑦② Plan D1

LE BASSIN ET LE PARC DE LA VILLETTE Quartier 15 - p. 96

LE PAVILLON DES CANAUX

Café-restaurant ⑦③ Plan F1

Au bord de l'eau et à l'abri de l'agitation, une maison de brique claire et sa jolie terrasse. En journée, le lieu se veut « coffice », mi-bureau, mi-café. On s'y sent comme chez soi et pour cause :

l'espace aménagé reproduit les pièces d'un logement douillet. Aux beaux jours, il fait bon venir profiter de son agréable terrasse pour siroter un verre dans un endroit calme et branché.
39, quai de la Loire, 75019 • M° Riquet • ☎ 01 73 71 82 90 • www.pavillondescanaux.com • Lun.-mer. 10h-minuit, jeu.-sam. 10h-2h, dim. 10h-23h • Restauration : 12h-15h et 19h-22h • Plats : 9-15 € • Brunch sam.-dim. (12h-15h) : 24 €.

LA ROTONDE STALINGRAD

Corse et italien ⑦④ **Plan F1**

Situé au bord du canal de l'Ourcq, ce lieu organisé en plusieurs espaces, dont une belle terrasse, réunit dans l'assiette le meilleur de l'Italie et de la Corse : tarte aux herbes corses, salade porcu, mozzarella di buffala panée, etc.
6-8, place de la Bataille-Stalingrad, 75019 • M° Jaurès ou Stalingrad • ☎ 01 80 48 33 40 • www.larotondestalingrad.com • **Trattoria** : t. l. j. 9h-1h • **Le Refuge** : mer.-sam. 18h-2h • **La Terrasse** : t. l. j. 12h-15h, 18h-22h • Brunch à volonté dim. (12h-16h) : compter env. 27 €.

VOIR AUSSI :

L'EAU ET LES RÊVES

p. 99 ⑦⑤ **Plan F1**

BELLEVILLE ET LE PÈRE-LACHAISE Quartier 16 - p. 100

MON CŒUR BELLEVILLE

Bistrot ⑦⑥ **Plan F2**

Une des plus belles terrasses avec vue sur tout Paris et la tour Eiffel, dans une ambiance place de village, où l'on se retrouve entre amis autour d'un verre ou pour un repas en amoureux. Parfois des concerts en fin de semaine. L'endroit est aussi réputé pour son brunch le dimanche.
rue des Envierges, 75020 M° Couronnes • ☎ 01 43 66 38 54 http://moncoeurbelleville.com T. l. j. 10h-2h (f. lun. nov.-fév.) Plats : env. 15 € • Dessert : env. € • Brunch dim. : 15, 20 et 25 €.

LE BARATIN

Bistronomie ⑦⑦ **Plan F2**

Ce petit bistrot de quartier a su conserver, depuis 30 ans, l'esprit du vieux Belleville. Ici, on mange une cuisine authentique, sans chichi, mais pleine de saveurs : saint-jacques aux champignons et beurre *tandoori*, joue de bœuf croustillante, pudding aux noisettes ou crème vanille et mangue fraîche. Le tout arrosé d'une sélection de vins pointue.
3, rue Jouye-Rouve, 75020 • M° Pyrénées • ☎ 01 43 49 39 70 • Mar.-sam. 12h-14h30 et 19h30-2h (f. sam. midi) • Menu midi : 19 €.

VOIR AUSSI :

DONG HUONG *p. 103* (78) Plan F2

OBERKAMPF ET LE CANAL SAINT-MARTIN

Quartier 17 - p. 104

IMMERSION

Brunch (79) Plan E2

Durant plusieurs années, Laura a testé tous les brunchs de Paris pour son blog. Avec Alexis, ils ont finalement décidé de dresser la table eux-mêmes afin d'accueillir tous les jours les autres inconditionnels de cette formule sucrée-salée. Granola (5,50 €), gaufres au poulet pané (13,50 €), avocado toast pimpé (14 €) ; les classiques du genre, glanés dans le monde entier, sont au rendez-vous.

8, rue Lucien Sampaix, 75010
• M° Jacques-Bonsergent
• www.immersionparis.fr
• Jeu.-lun. 10h-15h • Rés. en ligne.

LE BICHAT

Cuisine bio (80) Plan E2

Manger sain, pas cher, du fait maison, tel est la philosophie de cette adresse 100 % bio. On s'y rend tout au long de la journée, notamment au déjeuner pour ses soupes (4 €) et ses bols (9 à 11 €) préparés avec une base du jour (riz + légumes cuits + crudités) plus un supplément au choix (végétarien, œuf, porc, poulet ou maquereau). Quelques douceurs pour l'après-midi.

11, rue Bichat, 75010
• M° Goncourt • ☎ 09 54 27 68 97
• www.lebichat.fr
• Lun.-dim. 9h-23h.

Café Moderne

CHEZ JUSTINE

Feu de bois 81 Plan F3

Saveurs tout feu tout flamme dans cet antre bobo aux allures de bistrot de quartier. Toute la carte est construite autour de la cuisson au feu de bois : grillades marines ou terriennes et pizzas d'obédience napolitaine en tête. « Repas du dimanche » spécial, avec saucisse ou bavette au barbecue (20 €).

96, rue Oberkampf, 75011 • M° Parmentier • ☎ 01 43 57 44 03 • justineparis.fr • T. l. j. 8h-2h • Margherita : 9 € ; poulpe grillé : 26 €.

VOIR AUSSI :

DÉSIRÉE

p. 105 82 Plan F3

BASTILLE ET LE FAUBOURG SAINT-ANTOINE

Quartier 18 - p. 106

CAFÉ MODERNE

Brasserie 83 Plan F4

Ce restaurant a le supplément d'âme des troquets qui semblent là depuis toujours. Il faut dire qu'avec son accueil généreux et ses prix compétitifs, le Moderne s'est vite fait beaucoup d'amis dans le quartier. Les habitués cherchent, parmi les 60 possibilités, la combinaison idéale « boulettes + sauce + accompagnement » pour le plat de *meatballs* parfait (12-14 €).

19, rue Keller, 75011 • M° Bastille • ☎ 01 47 00 53 62 • cafemoderne-tbmb.com • Mar.-sam. 12h-15h et 19h-minuit, dim. brunch 12h-16h • À la carte : 26-37 €.

LA CHOCOLATERIE CYRIL LIGNAC

Chocolaterie 84 Plan F4

Forcément tout est « gourmand, croquant », en clin d'œil à la célèbre expression de Cyril Lignac qui décline ici le chocolat en mode gourmet. On y vient pour le petit déjeuner (10 €), au goûter on se régale d'une part de marbré et d'un onctueux chocolat chaud saveur noisette, et on repart avec une tablette Noir Grand Cru sésame et thé vert.

25, rue Chanzy, 75011 • M° Rue-des-Boulets ou Charonne • ☎ 01 55 87 21 40 • www.lachocolateriecyrillignac.com • Lun.-dim. 8h-19h • Tablette de chocolat : 6-10 €.

RETRO BOTTEGA

Italien 85 Plan F4

Une cantine transalpine qui a le charme d'une boutique rétro. Presque pas de carte, les plats changent selon les saisons et l'humeur de Pietro, le patron. C'est une invitation à la découverte : tagliatelles maison, courgettes,

Nos meilleures PÂTISSERIES

Tout Paris court chez ces chefs pâtissiers vedettes. Nous avons sélectionné quelques-unes des adresses gourmandes les plus en vogue de la capitale et goûté le meilleur de leurs créations signature.

La Chocolaterie Cyril Lignac

L'ÉCLAIR DE GÉNIE

Pour son éclair au chocolat grand cru et celui au citron. Voir p. 132. **Le Marais.**

LA CHOCOLATERIE CYRIL LIGNAC

Pour son cake marbré, son chocolat chaud et sa tablette Noir Grand Cru sésame et thé vert. Voir p. 153. **Bastille.**

YANN COUVREUR

Pour son mille-feuille monté minute, élaboré avec des « arlettes » de kouign amann. Voir p. 133. **Le Marais.**

MICHALAK

Pour Miss K, sa divine religieuse signature au caramel beurre salé. Voir p. 141. **Le Luxembourg et Saint-Germain-des-Prés.**

fèves de Carpino, noisettes bio du Piémont et ricotta des Pouilles...
12, rue Saint-Bernard, 75011
• M° Ledru-Rollin
• ☎ 01 74 64 17 39
• www.laretrobottega.com
• Lun.-ven. 18h30-23h30, sam.-dim. sur résa.

L'ÉBAUCHOIR

Bistrot (86) **Plan F4**

Un charmant bistrot-bar à vins de quartier au look rétro qui met à l'honneur une cuisine authentique du terroir. La selle d'agneau rôtie (21 €), le maigre de ligne (27 €) raviront les gourmets gourmands.
43-45, rue de Cîteaux, 75012
• M° Faidherbe-Chaligny
• ☎ 01 43 42 49 31
• www.lebauchoir.com
• Lun. 20h-22h30, mar.-jeu. 12h-14h30 et 20h-22h30, ven.-sam. 12h-14h30 et 19h30-23h.

LE BISTROT DU PEINTRE

Traditionnel (87) **Plan F4**

C'est LE bistrot parisien typique, avec tout le charme d'une déco Art nouveau. Vous y dégusterez une généreuse cuisine traditionnelle française : os à moelle au sel de Guérande, soupe à l'oignon gratinée au cantal, cuisse de canard confite, pommes grenailles...En dessert, on craque pour les gargantuesques profiteroles, évidemment !
116, avenue Ledru-Rollin, 75011
• M° Ledru-Rollin ou Charonne
• ☎ 01 47 00 34 39
• www.bistrotdupeintre.com
• Lun.-dim. 12h-2h
• Petit déjeuner : 7h-12h.

VOIR AUSSI :

GROUND CONTROL

p. 109 (88) **Plan F5**

DE LA BNF À BERCY **Quartier 19 - p. 110**

VOIR AUSSI :

LA FELICITÀ

p. 112 (89) **Hors plan par F5**

DE MONTPARNASSE À DENFERT-ROCHEREAU

Quartier 20 - p. 114

IDA

Italien (90) **Plan C5**

Un cadre de bistrot très design et chic avec des suspensions industrielles... L'endroit est charmant. On y vient aussi bien pour la cuisine italienne que pour le chef Denny Imbroisi, à la personnalité joviale et à l'accent chantant. Le plat incontournable ? Les spaghettis à la carbonara, les vrais de vrai, sans crème ! Pour terminer sur une note onctueuse, optez pour le cappuc'IDA : chocolat crémeux *gianduja*, mousse de café, glace à la noisette et spéculos, le tout servi en tasse.

117, rue de Vaugirard, 75015 • M° Falguière • ☎ 01 56 58 00 02 • www.restaurant-ida.com • Lun.-sam. 12h30-14h et 19h30-22h30 • Menu midi : 34 € (amuse-bouche, entrée, plat, dessert) • Menu soir : 60 €.

AUGUSTIN

Bistrot (91) **Hors plan par C5**

C'est dans le quartier commerçant et animé de la rue Daguerre que se trouve ce bistrot chic. Il reprend la tradition du semainier avec un plat différent chaque jour (19 €) et des recettes gourmandes, d'inspiration cuisine traditionnelle française, comme le parmentier de boudin, le poulet fermier rôti au thym ou un pavé de cabillaud à la basquaise.

79, rue Daguerre, 75014 • M° Gaîté • ☎ 01 85 15 24 99 • www.augustin-bistrot.fr • Lun.-sam. 8h-22h30 (bistrot) ; lun.-sam. 12h-14h30 et 19h-22h30 (restaurant) • Menu : 39 €.

H. KITCHEN

Bistronomie (92) **Plan C5**

Les assiettes qui sortent de la cuisine ouverte tranchent avec la décoration minimaliste, presque bâclée de la petite salle : couleurs, volume, recherche. Le chef japonais Hidenori Kitaguchi marie l'Hexagone (tracé entre autres chez Robuchon) et sa patrie de naissance dans une cuisine du marché à l'écoute des saisons. Des découvertes explosives qui se déplient avec deux types de formules déjeuner de 24 € à 28 €.

18, rue Mayet, 75006 • M° Duroc • ☎ 01 45 66 51 57 • Lun.-sam. 12h-14h et 19h30-22h • Plats : 27 € • Menu confiance : 60 €.

LE BOIS DE BOULOGNE ET LA FONDATION VUITTON

Quartier 21 - p. 118

VOIR AUSSI : *p. 119* 93 Plan visite p. 118

LE CHÂLET DES ÎLES

VERSAILLES Visite 22 - p. 120

VOIR AUSSI : *p. 123* 94 Plan visite p. 120

LA SUITE

Cafés de musées

Certaines « cafet' » de musées méritent vraiment que l'on s'y attarde. Pour une pause bucolique, direction Montmartre avec le café du **Musée de la Vie romantique** *(mar.-dim. 10h-17h30, voir p. 95)*, désormais géré par le café Rose Bakery, ou **Le Café Renoir,** salon de thé du musée de Montmartre, installé en bordure des magnifiques jardins Renoir *(t. l. j. 12h15-18h mai-sept ; sinon mer.-dim. 12h15-17h, voir p. 93)*. Ambiance plafond peint et lustres grandiloquents au **Restaurant** situé au 1er étage du musée d'Orsay *(mar.-dim. 11h45-17h30 sauf jeu. 11h45-14h45 et 19h-21h30, formule déj. 24,50 €, voir p. 66)*. Au Musée du Luxembourg, c'est l'historique Angelina (célèbre pour son chocolat chaud et son mont-blanc) qui se décline en **Mademoiselle Angelina** en suivant les horaires du musée *(voir p. 62)*. Si vous êtes en quête d'assiette haut de gamme avec vue, misez sur **Les Ombres**, antre labellisé Ducasse installé au dernier étage du musée du quai Branly, face à la tour Eiffel *(t. l. j. 12h-14h15 et 19h-22h30, déj. 46 €, dîner 74 €, voir p. 75)* ou **Girafe**, l'adresse chic du palais de Chaillot contemplant également la Dame de fer *(lun.-ven. 12h-14h30, sam.-dim 12h30-15h et 19h-22h45 ; www.girafeparis.com ; plateau de fruits de mer dès 55 €, voir p. 72)*.

Bars, clubs & sorties

PAR QUARTIER

À SAVOIR

INFOS COVID-19

Les horaires d'ouverture des bars évoluent énormément. Certains clubs sont également provisoirement fermés. Renseignez-vous (site, page Facebook, téléphone) avant de vous déplacer.

SE DÉPLACER LA NUIT

Voir « Se déplacer » (Métro, RER, bus, taxis, etc.) dans le Carnet pratique, p. 214.

BUDGET

Comptez entre 15 et 50 € pour les billets de concerts, et de 10 à 150 € pour une place à l'Opéra. Pour les spectacles, il faut prévoir de 10 à 30 € pour une pièce de théâtre ou un one-man-show. Pour les boîtes de nuit, les entrées oscillent entre 10 et 20 €, avec ou sans boisson.

BILLETS DE SPECTACLES

Les sites **www.ticketmaster.fr** ou **www.digitick.com** vous permettent de réserver, de régler par carte bancaire et de télécharger les billets sur votre portable, de les imprimer vous-même... ou encore de les recevoir chez vous par la poste.

CONCERTS GRATUITS

- Dès le mois de mai se déroule le **festival Villette sonique** : www.villettesonique.com
- Et pendant l'été... : **Paris Plages** (p. 18) et les festivals **Fnac Live** *(www.fnac.com/fnacLive)* ; les **Siestes électroniques** au musée du quai Branly - Jacques Chirac *(juil. ts les dim. après-midi, www.les-siestes-electroniques.com)* ; les manifestations à suivre à la mairie du 3ᵉ arrondissement *(www.mairie03.paris.fr)* ; et au Parc floral, **Paris Jazz Festival** *(juin-juil.)* et **Classique au vert** *(août-sept.). Infos sur www.festivalsduparcfloral.paris)*.

SE REPÉRER

Chaque adresse de lieu de sortie est associée à une pastille violette numérotée. Vous retrouverez toutes les adresses positionnées sur le plan détachable.

LES COUPS DE CŒUR de notre auteur

Paris ne manque pas de lieux où faire la fête et passer une mémorable soirée. Notre auteure a testé toutes les ambiances : bière au bord de l'eau, gin parisien dans un cadre raffiné, bar qui se transforme en piste de danse au fil de la nuit, salle de ciné de caractère et ses bobines en noir et blanc, bar à vins... Voici les lieux où elle a particulièrement aimé terminer la journée.

COPPERBAY

Le bar qui m'a fait aimer le gin-tonic, avec en plus un alcool *made in Paris*. Voir p. 180.

LE BAR À BULLES

Boire un verre sur le toit du Moulin Rouge, on croirait une promesse pour touristes, mais ce sont les Parisiens qui s'y donnent rendez-vous ! Voir p. 175.

CopperBay

Le Bar à Bulles

LES CINÉMAS DU QUARTIER LATIN

De mini-salles pour de grands films. Il y a toujours un classique à y (re)découvrir. Voir p. 167.

BAR OURCQ

L'adresse ultra-parisienne des locaux en quête d'un air de vacances, voire d'une partie de pétanque. Effet également garanti sur les visiteurs. Voir p. 177.

MAGNUM

Le bar à vins tel qu'il me plaît : bouteilles accessibles, conseils pertinents et belles découvertes à picorer. Voir p. 166.

PANAME BREWING COMPANY

Le Graal dans ce chouette pub à la française ? Les quelques places qui surplombent le canal, offrant une vue unique. Voir p. 178.

Magnum

LE LOUVRE, LES TUILERIES ET LE PALAIS-ROYAL

Quartier 1 - p. 24

LE FUMOIR

Bar chic ① Plan D3

Ce bar chic et cosy, à l'ambiance feutrée sur fond de musique jazzy, attire une clientèle internationale. On aime son style années 1920 avec son parquet et ses boiseries façon pub anglais, ses canapés Chesterfield et sa sélection de whisky et de vieux rhums.

6, rue de l'Amiral-de-Coligny, 75001 • M° Louvre-Rivoli • ☎ 01 42 92 00 24 • www.lefumoir.com • T.l.j. 11h-2h ; f. 2 jours à Noël et le jour de l'An • Cocktails : à partir de 12 € ; happy hour : lun.-dim. 18h-20h (21h dim.).

LA COMÉDIE FRANÇAISE

Théâtre ② Plan D3

La « Maison de Molière » a pris ses quartiers au bord du Palais-Royal en 1799. Chaque année, les sociétaires y jouent 12 pièces du répertoire, une liste de près de 3 000 œuvres sélectionnées au fil du temps par un comité rigoureux. Le luxe d'une expérience historique à prix doux, puisque les places plein tarif sont vendues entre 15 et 42 €. Une heure avant la représentation, le petit bureau (guichet extérieur, rue Richelieu) propose même des billets à 5 €. Visites organisées les samedis et dimanches à 11h (pause l'été).

1, place Colette, 75001 (Salle Richelieu) • M° Palais-Royal - Musée-du-Louvre • ☎ 01 44 58 15 15 • www.comedie-francaise.fr • Guichet salle Richelieu : t. l. j. 11h-18h.

Andy Wahloo

DANICO

Cocktails ③ **Plan D3**

De l'ancien décor de la boutique Jean Paul Gaultier, il ne reste que la belle hauteur sous plafond, où ont été aménagées deux mezzanines. Cette adresse discrète de la galerie Vivienne, au look moderne et urbain, est un haut lieu de la mixologie mené par Nico de Soto, élu « barman français le plus influent » en 2014.

6, rue Vivienne, 75002 • M° Bourse • ☎ 01 42 21 93 71 • Lun.-dim. 18h-2h • Cocktails : à partir de 13 €.

DES HALLES AU CENTRE POMPIDOU Quartier 2 - p. 30

Ô CHÂTEAU

Bar à vins ④ **Plan D3**

Spécialisée dans les dégustations, la maison a levé une armée de sommeliers pédagogues. Derrière le bar, 40 bouteilles à parfaite température attendent en permanence d'être dégustées au verre grâce à un astucieux système de pompes. La sélection est régulièrement renouvelée. Les palais les plus avertis pourront s'émouvoir avec des gorgées d'exception, mais aussi avec de remarquables cuvées plus discrètes qui n'arborent pas les prix des grands soirs.

68, rue Jean-Jacques-Rousseau, 75001 • M° Châtelet-Les Halles • ☎ 01 44 73 97 80 • www.o-chateau.com • Lun.-sam. 16h-minuit.

LE DUC DES LOMBARDS

Club de jazz ⑤ **Plan D3**

Jazz moderne européen, musiques improvisées, incursion dans la musique latine. Au Duc des Lombards, les plus grands du jazz français et étranger se retrouvent dans un décor de bois et de velours très agréable. L'espace bar musical « Money Jungle » vous accueille dès 19h pour un *drink cosy*...

42, rue des Lombards, 75001 • M° Châtelet • ☎ 01 42 33 22 88 • www.ducdeslombards.com • Lun.-jeu. 19h-1h30, ven.-sam. 19h-4h • 2 concerts quotidiens à 19h30 et 21h45 • Concerts : 29-41 €.

ANDY WAHLOO

Cocktails ⑥ **Plan E3**

Le « Paris *people* » s'y donne rendez-vous pour ses soirées DJ très animées. On aime son décor insolite d'hôtel particulier du XVIe s., qui mélange l'esprit oriental et le style pop art à la manière d'Andy Warhol. Et aussi, une riche carte de cocktails et d'alcools : whiskys, vodkas, tequilas, liqueurs françaises...

69, rue des Gravilliers, 75003 • M° Arts-et-Métiers • ☎ 01 42 71 20 38 • http://andywahloo-bar.com • Mar.-sam. 18h30-2h • Cocktails : à partir de 14 €.

LE BAISER SALÉ

Club de jazz ⑦ **Plan D3**

Ici, place à un jazz métissé : l'Afrique, l'Amérique du Sud, les États-Unis, l'Europe. Tous les jours, deux sessions de concerts, à 19h et 21h30. Les tarifs varient selon le concert (de 10 à 40 €, certains sont gratuits dim. et lun. soir).

58, rue des Lombards, 75001 • M° Châtelet • 01 42 33 37 71 • www.lebaisersale.com • T. l. j. 16h-6h • Dim.-lun. : jam-session • Lun. : TSF Jazz (magazine jazz et culture) à 19h.

MABEL

Cocktails ⑧ **Plan D3**

Mabel (Walker Willebrandt) doit se retourner dans sa tombe en voyant son nom inscrit sur le fronton de cette adresse. Ou peut-être la figure marquante de la prohibition apprécierait-elle désormais de s'attabler pour savourer la spécialité de la maison : les cocktails à base de rhum (à partir de 13 €). Ceux qui l'apprécient pur découvriront les différentes « Routes du rhum » composées de trois doses dégustation.

58, rue d'Aboukir, 75002 • M° Sentier • ☎ 01 42 33 24 33 • www.mabelparis.com • Lun.-mer. 19h-minuit (jeu. 1h, ven.-sam. 2h).

LE MARAIS ET LA PLACE DES VOSGES Quartier 3 - p. 34

LE PERCHOIR MARAIS

Rooftop ⑨ **Plan E4**

Paris ne serait pas Paris sans ses élégants toits de zinc gris. Il est même question d'inscrire ce joyau au patrimoine mondial de l'Unesco ! Depuis le sommet du BHV, un cocktail (13 €) à la main, l'on se gorge de ce décor caractéristique, avec la Tour Eiffel et les plus grands monuments en arrière-plan.

33, rue de la Verrerie, 75004 • M° Hôtel-de-Ville • Rés. en ligne dès 4 pers. • Lun.-sam. 20h15-1h30, dim. 19h15-1h30.

THÉÂTRE DES BLANCS-MANTEAUX

Théâtre ⑩ **Plan E3**

Les talents de l'humour se succèdent dans cet immeuble historique : c'est là qu'Alex Métayer, Jacques Villeret ou Jean-Luc Lemoine ont fait leurs classes... Renaud y a composé la chanson *Laisse béton*.

15, rue des Blancs-Manteaux, 75004 • M° Rambuteau • ☎ 01 48 87 15 84 • www.blancsmanteaux.fr • Résa par tél. (14h-21h) ou sur le site Internet, au guichet à partir de 18h30, dim. à partir de 15h • Billet : à partir de 18 €.

LA MALICIA

Speakeasy ⑪ **Plan E3**

Pour trouver le premier bar discret de l'hôtel 1K, il faut se faufiler au fond du restaurant, puis derrière ses cuisines. On y déguste des cocktails à l'eau-de-vie d'agave, sur une bande-son aux accents latins. Mais l'expérience d'initié peut aller plus loin avec la découverte de La Malicia, boudoir ésotérique dans lequel les potions alcoolisées ressemblent à des incantations. Pour y pénétrer ? Demandez gentiment et ne cherchez pas à brusquer les choses.

13, boulevard du Temple, 75003 • 1k-paris.com • M° Filles-du-Calvaire • ☎ 01 42 71 20 00 • Jeu.-dim. 18h-2h.

LE POINT-VIRGULE

Humour ⑫ **Plan E4**

Si l'humour parisien cherchait un jour à se cacher, c'est probablement dans cette salle mythique qu'il viendrait se réfugier. C'est ici que des inconnus nommés Alex Lutz, Florence Foresti, Chantal Ladesou ou encore Pierre Palmade ont fait certaines de leurs premières scènes. Faites partie de la centaine d'initiés qui feront une ovation aux têtes d'affiche de demain !

7, rue Sainte-Croix-de-la-Bretonnerie, 75003 • M° Hôtel-de-Ville • ☎ 01 42 78 67 03 • www.lepointvirgule.com • Entrée : 10-21 €.

LE MARY CÉLESTE

Cocktails ⑬ **Plan E3**

Ce navire-là ne risque pas d'être déserté. Ouvert par l'équipe de la tout aussi excellente Candelaria *(52, rue de Saintonge)*, ce bar à cocktails est souvent victime de son succès. Quand la saison s'y prête, des huîtres sont vendues à l'unité pour accompagner d'une touche iodée les cocktails maison (12-14 €).

1, rue Commines, 75003 • M° Filles-du-Calvaire • ☎ 09 80 72 98 83 • www.lemaryceleste.com • T. l. j. 18h-2h (cuisine 19h-23h30).

LA BELLE HORTENSE

Bar à vins ⑭ **Plan E4**

Dans ce lieu unique et convivial, bien connu des habitants du quartier, venez vous perdre dans les rangées de livres, un verre de vin à la main, tout en grignotant une planche de charcuterie. À moins que vous ne préfériez vous accouder au comptoir du bar pour refaire le monde avec quelques habitués.

31, rue Vieille-du-Temple, 75004 • M° Saint-Paul • ☎ 01 48 04 71 60 • www.cafeine.com/belle-hortense • Lun.-ven. 17h-2h, sam.-dim. 13h-2h.

LE YONO

Bar ⑮ **Plan E4**

Que vous preniez place du côté du grand bar surplombé par la belle verrière, sur la mezzanine

Sherry Butt

plus intimiste ou que vous préfériez le sous-sol en pierres apparentes où se produisent les DJ chaque week-end, vous vous y sentirez comme à la maison.
37, rue Vieille-du-Temple, 75004
• M° Saint-Paul • ☎ 01 42 74 31 65
• www.leyono.fr • Mar.-sam. 18h-2h.

SAINT-PAUL ET L'ÎLE SAINT-LOUIS Quartier 4 - p. 40

SHERRY BUTT

Cocktails **⑯ Plan E4**

Pas besoin de savoir qu'un *sherry butt* est un ancien tonneau de sherry qui s'offre une seconde vie en regardant vieillir du whisky pour passer une délicieuse soirée dans cet accueillant repaire à cocktails (cocktail création à base de sirop maison, 13 €). Les barmans peuvent aussi vous orienter si vous ne trouvez pas votre bonheur sur la carte.
20, rue Beautreillis, 74004
• M° Sully-Morland ou Bastille
• ☎ 09 83 38 47 80
• www.sherrybuttparis.com
• Mar.-sam. 18h-2h, dim.-lun. 20h-2h.

MAGNUM

Bar à vins **⑰ Plan E4**

Magnum, c'est un peu le caviste du coin qui s'enflamme pour un climat bourguignon ou un cépage alsacien avant de sortir son tire-bouchon. Sur le mur de bouteilles, de beaux flacons, mais pas de prétention avec des vins de copains à une dizaine d'euros auxquels on ajoute 15 € pour la dégustation sur place. Sélection gourmande bien pensée, qui change des traditionnelles planches un peu tristes.
26, rue Beautreillis, 75004
• M° Saint-Paul ou Bastille
• ☎ 09 51 21 78 11 • www.magnum-lacave.fr • Lun. 18h30-1h, mar.-ven. 11h-1h, sam. 12h-16h et 18h-1h.
• Verre de vin : à partir de 6 €.

L'ÎLE DE LA CITÉ ET NOTRE-DAME Quartier 5 - p. 44

LA NOUVELLE SEINE

Spectacles ⑱ **Plan D4**

Outre une jolie vue sur la cathédrale Notre-Dame depuis l'espace bar-restaurant, la péniche propose de nombreux spectacles (principalement d'humour) dans sa coquette salle cachée dans la coque.

Face au 3, quai de Montebello, 75005
- M° Maubert-Mutualité ou Cité
- ☎ 01 43 54 08 08
- www.lanouvelleseine.com
- Mer.-dim. 12h-14h15 et 19h-23h
- Brunch dim. 12h-14h15 : 28 €.

LE QUARTIER LATIN Quartier 6 - p. 48

43 UP ON THE ROOF

Rooftop ⑲ **Plan D4**

Seuls les initiés savent qu'au 9e étage de cet hôtel de chaîne sans cachet particulier se dévoile une superbe vue panoramique. Immersion dans la ville garantie depuis cette plateforme perchée mais pas trop. Cocktails très classiques (15 €), demi (10 €), etc.

Holiday Inn Paris-Notre-Dame, 4, rue Danton, 75006
- M° Saint-Michel ou Odéon
- ☎ 01 81 69 00 60
- www.ihg.com
- T.l.j. 15h-23h30.

LES SALLES ART ET ESSAI DU QUARTIER LATIN

Cinémas ⑳ **Plan D4**

Envie de revoir un Truffaut, un Bergman, un Godard ? Cap sur le Quartier latin... Havre historique du cinéma d'auteur, il continue de projeter des chefs-d'œuvre du septième art et de perpétuer un esprit ciné-club dans ses nombreuses salles aux tarifs doux. Parmi ces salles art et essai : **Le Champo** *(51, rue des Écoles, 75005, D4, M° Odéon, ☎ 01 43 54 51 60, www.cinema-lechampo.com)*, le **Grand Action** *(5, rue des Écoles, 75005, E5, M° Cardinal-Lemoine, www.legrandaction.com)*.

LE PETIT JOURNAL SAINT-MICHEL

Club de jazz ㉑ **Plan D5**

L'ambiance est chaleureuse dans cette ancienne cave tout en longueur. Sur la scène, des musiciens jouent du jazz traditionnel, celui de La Nouvelle-Orléans. Le concert débute à 21h15. Pour y assister, deux solutions : réserver sa table pour dîner (à partir de 59 €) ou passer prendre un verre dans la soirée (entrée et première consommation à 20-25 €).

71, bd Saint-Michel, 75005
- M° Cluny-La Sorbonne, RER B

Nos plus belles TERRASSES

La capitale ne manque pas de terrasses. Pour ceux qui recherchent plus qu'un bout de trottoir bruyant, la perle rare existe bel et bien : la terrasse cachée, loin de l'agitation parisienne, qui donne l'impression d'être ailleurs. N'attendez pas, car aux premiers rayons du soleil, vous ne serez certainement pas seul !

Le Café A

ROSA BONHEUR SUR SEINE

Une terrasse sur les quais doublée d'une péniche, le tout pour une vue imprenable sur la Seine. Que du bonheur ! Voir p. 170. **Invalides.**

CAFÉ A

Aux beaux jours, on craque pour sa cour plantée de vieux arbres et agrémentée de chaises longues. Voir p. 181. **Le canal Saint-Martin.**

LE BAR DU TERRASS'' HÔTEL

Son nom est une belle promesse... vous ne serez pas déçu ! Un panorama exceptionnel sur les toits de Paris vous attend. Voir p. 175. **Montmartre.**

LE 25° EST

Une immense terrasse les pieds dans l'eau, au bord du bassin de la Villette. Voir p. 177. **La Villette.**

Luxembourg • ☎ 01 43 26 28 59 • www.petitjournalsaintmichel.fr • Lun.-sam. 19h30-1h.

LE CAVEAU DE LA HUCHETTE

Club de jazz ㉒ Plan D4

Le Caveau de la Huchette, avec sa piste de danse, est un classique du genre depuis plus de 70 ans. Il fut le premier caveau parisien à présenter des joueurs de jazz, et depuis 1946 il maintient la tradition : chaque soir, un orchestre se produit pour la plus grande joie des amateurs. L'ambiance exceptionnelle du club évoque celle de la grande époque du Cotton Club de New York. Les plus grands artistes s'y sont produits.

5, rue de la Huchette, 75005 • M° Saint-Michel ou Cité • ☎ 01 43 26 65 05 • www.caveaudelahuchette.fr • T. l. j. à partir de 21h (concert à partir de 21h30) • Dim.-jeu. : 13 € ; ven.-sam. et veilles de fêtes : 15 €.

DU PANTHÉON AU JARDIN DES PLANTES Quartier 7- p. 52

LE PIANO VACHE

Bar musical ㉓ Plan D5

Vous avez envie d'écouter du jazz manouche ou du rock dans un cadre atypique et une ambiance décontractée autour d'une pinte ? Vous êtes au bon endroit !s Des milliers d'affiches tapissent les murs de ce bar insolite fréquentés par les étudiants du quartier. Un vieux piano dort au fond de la pièce, surveillé par une tête de vache empaillée (d'où son nom).

8, rue Laplace, 75005 • M° Cardinal-Lemoine • ☎ 01 46 33 75 03 • Pinte : 6 € (5 € en happy hour 18h-22h) • Lun.-sam. 18h-2h.

Le Caveau de la Huchette

LE LUXEMBOURG ET SAINT-GERMAIN-DES-PRÉS

Quartier 8 - p. 60

PRESCRIPTION COCKTAIL CLUB

Cocktails ㉔ Plan D4

Ce bar est très prisé des *beautiful people*. Mieux vaut donc soigner son look, car l'endroit se la joue chic et sélect. Ici, les gens, des trentenaires surtout, prennent leur temps pour savourer leurs cocktails (12-13 €) et grignoter une *finger food* originale. L'ambiance est feutrée, mais passé minuit, ça danse parfois dans la salle située à l'étage.

23, rue Mazarine, 75006 • M° Odéon • ☎ 09 50 35 72 87 • Lun.-jeu. 19h-2h, ven.-sam. 19h-4h, dim. 20h-2h.

LITTLE TEMPLE BAR

Pub ㉕ Plan C4

Dans ce pub irlandais bien connu de Saint-Germain-des-Prés, on se donne rendez-vous autour d'une pinte les soirs de match pour regarder le foot sur écrans géants dans une ambiance surchauffée. On y vient aussi pour les soirées musique *live* et bien sûr se défier aux fléchettes !

12, rue Princesse, 75006 • M° Mabillon • ☎ 01 43 26 79 95 • www.littletemplebar.fr • Lun.-ven. 17h-2h, sam.-dim. 13h-2h • Pinte : 7,50 € (5 € en happy hour 17h-20h).

DU MUSÉE D'ORSAY AUX INVALIDES

Quartier 9 - p. 66

ROSA BONHEUR SUR SEINE

Guinguette ㉖ Plan B3

Le Rosa, qui fait le « bonheur » des nonchalants des Buttes-Chaumont, possède une déclinaison flottante. Dans cette guinguette au bord de l'eau, ça s'affole autour du baby-foot, une bière à la main (4 €), et ça grignote des tapas en attendant l'ouverture de la piste de danse. L'été, on profite de la gigantesque terrasse qui fait face à la péniche avec ses tables de pique-nique massives, façon *biergarten* berlinois.

Port des Invalides, 75007, à hauteur du pont Alexandre-III • M° Champs-Élysées-Clemenceau ou Invalides • ☎ 01 47 53 66 92 • www.rosabonheur.fr • Péniche : mer. 12h30-0h30, jeu.-sam. 12h-1h30, dim. 12h-20h.

LA TOUR EIFFEL ET LE TROCADÉRO Quartier 10 - p. 70

FROG XVI

Pub ㉗ Plan A3

C'est comme si on traversait la Manche sans quitter Paris. Passé le pas de la porte, on a tout de suite l'impression d'être à Londres : l'accent *British* des serveurs, les boiseries, l'ambiance chaleureuse et survoltée, tout y est ! Il n'y a plus qu'à s'installer sur une confortable banquette et commander une bonne pinte, la soirée peut commencer !

110 bis, av. Kléber, 75016 • M° Trocadéro • ☎ 01 47 27 88 88 • www.frogpubs.com • Lun.-mer. 9h-1h, jeu.-ven. 9h-2h, sam. 10h-2h, dim. 10h-1h • Happy hour : lun.-ven. 17h30-20h • Brunch : w.-e. 12h-15h30.

L'ARC DE TRIOMPHE ET LES CHAMPS-ÉLYSÉES Quartier 11 - p. 76

THÉÂTRE DU ROND-POINT

Théâtre ㉘ Plan B3

Sous la houlette de Jean-Michel Ribes depuis 2002, le Théâtre du Rond-Point est un foisonnant site d'échanges, de rencontres et de découvertes, tout entier dédié aux auteurs contemporains.

2 bis, av. Franklin-D.-Roosevelt, 75008 • M° Franklin-D.-Roosevelt • ☎ 01 44 95 98 21 • www.theatredu rondpoint.fr • Loc. par tél. et sur place : lun.-sam. 11h-19h, dim. 12h-16h • Loc. guichet : mar.-sam. 12h-19h, dim. 12h-16h (les jours de représentation) • Spectacles : 29-38 €.

SALLE GAVEAU

Salle de concerts ㉙ Plan B2

La vocation essentielle de la salle Gaveau a toujours été le piano et la musique de chambre. Quelques orchestres s'y produisent aussi.

45, rue La Boétie, 75008 • M° Miromesnil • Résa : ☎ 01 49 53 05 07 ou sur www.sallegaveau.com ou aux guichets : lun.-ven. 10h-18h.

LES GRANDS BOULEVARDS ET LES PASSAGES Quartier 13 - p. 84

LE SHED

Rooftop bar ㉚ Plan D2

Pour échapper quelques instants aux bruits de la ville, on se réfugie dans cet abri perché sur le toit de l'Hôtel des Grands Boulevards. Là-haut, on découvre une carte de cocktails élaborés qui évoluent crescendo de zéro à deux volumes d'alcool (10-16 €). Certains breuvages piochent même leurs ingrédients directement dans le jardin-terrasse.

Hôtel des Grands Boulevards • 17, bd Poissonnière, 75002 • M° Grands-Boulevards • ☎ 01 85 73 33 32 • fr.grandsboulevardshotel.com • Dim.-jeu. 17h-23h, ven.-sam. 17h-minuit.

OPÉRA-COMIQUE

Spectacles ㉛ **Plan D2**

Ce petit Opéra national abrita en 1875 la première de *Carmen*. Sous-titré « théâtre des musiques populaires », il célèbre des grands classiques, mais aussi des comédies musicales et des opérettes.

Pl. Boieldieu, 75002 • M° Richelieu-Drouot • Résa : ☎ 01 70 23 01 31 • www.opera-comique.com • Guichets : lun.-ven. 11h-19h, sam. 13h-19h, dim. 13h-14h (pendant périodes de représentations) • Entrée payante : de 6 € à plus de 120 € en fonction des spectacles.

Opéra Comique

MAX-LINDER PANORAMA

Cinéma ㉜ **Plan D2**

L'acteur burlesque a donné son nom à ce cinéma mythique des Grands Boulevards, né en 1914. Un écran de 18 m de large avec ouverture panoramique, une salle ultraconfortable avec orchestre, balcon et mezzanine. À l'affiche, des films en VO et, tous les mardis, des films cultes.

24, bd Poissonnière, 75009 • M° Grands-Boulevards • ☎ 01 48 00 90 24 • www.maxlinder.com • Entrée : 11 €.

LES PETITES ÉCURIES

Bar ㉝ **Plan D2**

Pour changer des arrière-salles sombres, un bar-restaurant qui prend agréablement de la hauteur (sous plafond) en investissant les locaux d'un ancien fourreur. Un coup d'œil au très réussi mur végétal, et notre cerveau se sent plus oxygéné, d'attaque pour faire sa sélection parmi les propositions de bières artisanales (6-14 €) en bouteille. Vous êtes charmé par la terrasse abritée de l'entrée ? Attendez de voir sa petite sœur à l'étage !

40, rue des Petites-Écuries, 75010 • M° Bonne-Nouvelle • ☎ 01 48 24 02 90

Notre top des bars À COCKTAILS

Issus à la fois d'une tendance venue de New York et de Londres et d'une tradition de la mixologie, les bars à cocktails se sont multipliés dans la capitale. Voici quelques adresses incontournables pour apprécier le savoir-faire parisien en la matière.

DANICO

Dans une ancienne boutique Jean Paul Gaultier, des breuvages haute couture face à la galerie Vivienne. Voir p. 163. **Palais-Royal.**

LA COMMUNE

Déco léchée et convivialité autour de la spécialité maison : le punch à partager. Voir p. 179. **Belleville.**

BLUEBIRD

Idéal pour les amateurs de gin à la recherche d'une adresse chic et intimiste. Voir p. 184. **Bastille.**

LE SYNDICAT

Une seule revendication : la provenance hexagonale des alcools, savamment mariés. Voir p. 182. **Le canal Saint-Martin.**

Bluebird

Les meilleurs lieux POUR UNE SOIRÉE SPECTACLE

Elles sont partout : dans le métro, sur les colonnes Morris ou à même les façades des théâtres. La diversité des affiches de spectacles permet d'appréhender la richesse de l'offre culturelle qui monte chaque soir sur scène à Paris. Voici quelques lieux d'anthologie dans lesquels picorer en fonction de votre humeur.

LA MAROQUINERIE

Pour un concert de musique indé au plus près de la scène. Voir p. 178. **Belleville et le Père-Lachaise.**

LE DUC DES LOMBARDS

Pour une soirée jazz au cœur de Paris. Voir p. 163. **Les Halles.**

La Maroquinerie

LE POINT-VIRGULE

Pour les répliques hilarantes et les flops à retravailler des futurs grands noms de l'humour. Voir p. 165. **Le Marais.**

LA COMÉDIE FRANÇAISE

Pour profiter du jeu des sociétaires et pensionnaires de la prestigieuse maison. Voir p. 162. **Palais-Royal.**

L'OPÉRA GARNIER

Pour assister à un opéra de premier ordre, sous un plafond peint par Chagall. Voir p. 81. **Opéra.**

LES CINÉMAS DU QUARTIER LATIN

Pour réviser ses classiques du cinéma, au cœur du bouillon de culture de la rive gauche. Voir p. 167. **Le Quartier latin.**

• www.lespetitesecuriesparis.com
• Lun.-ven. 8h-1h30, sam. 16h30-1h30.

LE REX CLUB

Club ㉞ **Plan D2**

Attenant au cinéma le Grand Rex, ce club légendaire reste, depuis près de 30 ans, une référence en matière de musique électronique, de la techno à la deep house, de la minimal au dub step. C'est bien simple, pour beaucoup de clubbers, c'est l'un des meilleurs établissements techno au monde ! Et il a vu passer de nombreux grands DJ internationaux, comme Laurent Garnier.

5, bd Poissonnière, 75002
• M° Bonne-Nouvelle
• ☎ 01 42 36 10 96
• www.rexclub.com
• Mar.-sam. 23h30-7h
• Entrée : 12-15 €
(sans consommation).

MONTMARTRE, PIGALLE ET LE SACRÉ-CŒUR

Quartier 14 - p. 90

LE BAR À BULLES

Rooftop bar ㉟ **Plan C1**

Expérience super parisienne garantie. La terrasse perchée de ce bar est dissimulée par les ailes de l'iconique Moulin Rouge. Pas de cancans, mais des événements réguliers (projections, dj sets, concerts), une déco bohème et un intérieur cosy pour les jours sans soleil.

90, bd de Clichy, 75018
(accès par la Cité Véron) • M° Blanche
• ☎ 01 53 41 88 89
• www.lamachinedumoulinrouge.com
• Mar.-mer. 18h-0h, jeu. 18h-1h, ven. 18h-2h, sam. 11h-2h, dim. 11h-22h
• Demi : 7 € ; verre de vin : 5,50 €.

LA MACHINE DU MOULIN ROUGE

Club ㊱ **Plan C1**

Liée au vénérable cabaret immortalisé par Toulouse-Lautrec, la Machine a remplacé la Loco. Salle de concerts de 700 places, club de 400 places, bar américain proposant une programmation éclectique où se mêlent musique tsigane et vocalises crooner, riffs rock et envolées swing.

90, bd de Clichy, 75018
• M° Blanche ou Place-Clichy
• ☎ 01 53 41 88 89
• www.lamachinedumoulinrouge.com
• Club : ven.-sam. minuit-6h • Entrée payante selon la programmation.
• Cocktails : 11-12 €.

LE BAR DU TERRASS'' HÔTEL

Bar panoramique ㊲ **Plan C1**

La terrasse panoramique se niche au 7e étage du Terrass'' Hôtel. L'ambiance y est détendue et intimiste, sublimée par quelques arbres, des fleurs, des balancelles et des tables avec une vue imprenable.

À la carte, une quinzaine de cocktails signature, avec une belle sélection d'alcools du monde.
12-14, rue Joseph-de-Maistre, 75018 • M° Blanche ou Place-de-Clichy • ☎ 01 46 06 72 85 • www.terrass-hotel.com/terrass-restaurant-bar-panoramique • T. l. j. 15h30-1h • Cocktails : 17 €.

LE STUDIO 28

Cinéma **38 Plan D1**

« La salle des chefs-d'œuvre, le chef-d'œuvre des salles. » Ainsi Jean Cocteau évoquait-il le Studio 28, temple de l'art et essai et première salle de cinéma d'avant-garde, précisément inaugurée en 1928. Elle a longtemps été le repaire des créateurs, d'Abel Gance à Luis Buñuel. Aujourd'hui encore y subsistent les lustres de Cocteau, une haute exigence de programmation et une ambiance de quartier. Pour une pause cinéma, c'est ici qu'il faut s'arrêter ! Vous y trouverez aussi un agréable café-jardin au calme, ouvert pendant les horaires de cinéma (14h-22h).
10, rue Tholozé, 75018 • M° Abbesses • ☎ 01 46 06 36 07 (programmation) • www.cinema-studio28.fr

L'ORPHÉE

Bar de nuit **39 Plan C1**

Pour entrer dans ce petit bar de nuit musical, du nom du film de Cocteau, il faut sonner à une porte clandestine et montrer patte blanche au portier. L'ambiance y est intimiste, festive et joyeusement canaille. C'est à la fois une scène ouverte bien connue des initiés et un club le week-end avec des sets de DJ (électro, pop, disco).
7, rue Pierre-Fontaine, 75009 • M° Pigalle • ☎ 01 42 80 24 38 • Mar.-sam. 20h-2h • Cocktails : 12-16 €.

DIRTY DICK

Cocktails **40 Plan D1**

Sa déco exotique kitschissime avec fauteuils en bambou vous plonge dans une ambiance Tiki des années 1950. Ici, les barmans servent en chemise fleurie. Vous pourrez goûter à une large sélection de rhums et à des cocktails fruités. Dépaysement garanti, on a presque envie de porter une couronne de fleurs et de crier « *Aloha !* » à son voisin.
10, rue Frochot, 75009 • M° Blanche • ☎ 01 48 78 74 58 • Facebook : Dirty Dick • T.l.j. 18h-2h • Cocktails : 10-15 €.

L'ÉLYSÉE MONTMARTRE

Concerts **41 Plan D1**

C'est une salle emblématique du quartier de Pigalle, haut lieu de la nuit parisienne et de la création artistique depuis 1807. Entièrement reconstruit, le lieu a rouvert ses portes à l'automne 2016. On s'y bouscule pour sa programmation de concerts très pop rock ; le week-end, les *trend setters* vibrent au son des DJ sets internationaux.
72, boulevard de Rochechouart, 75018

• M° Anvers • ☎ 01 44 92 78 00 • Billetterie : ☎ 01 44 92 78 05 (10h-13h et 15h-18h) • www.elysee-montmartre.com • Lun.-dim. 18h-2h • Entrée payante selon la programmation.

LE TRIANON

Concerts et spectacles ㊷ **Plan D1**

Théâtre parisien bâti à la fin du XIXe s., cette salle de spectacles vous propose une programmation variée : théâtre, concerts ou comédies musicales. Les planches du Trianon ont notamment vu défiler Rihanna ou Pharrell Williams. Vous pourrez également vous restaurer au Petit Trianon, ouvert tous les jours de 10h à 2h.

80, bd de Rochechouart, 75018 • M° Anvers • ☎ 01 44 92 78 00 • Billetterie : ☎ 01 44 92 78 05 • www.letrianon.fr • Entrée payante selon la programmation.

LE BASSIN ET LE PARC DE LA VILLETTE Quartier 15 - p. 96

BAR OURCQ

Bar ㊸ **Plan F1**

Au programme, de la bonne musique, une ambiance festive et détendue et le doux clapotis du canal tout proche. S'il en fallait plus pour vous convaincre, sachez que vous pourrez jouer à la pétanque et profiter de transats tout en buvant une bière (2,50 €). Le spot parfait pour un apéro estival entre amis.

68, quai de la Loire, 75019 • M° Laumière • ☎ 01 42 40 12 26 • http://barourcq.business.site • Jeu. 15h-minuit, ven.-sam. 15h-2h, dim. 15h-22h.

PÉNICHE ANTIPODE

Bar et concerts ㊹ **Plan F1**

Bienvenue à bord de cette péniche amarrée sur le canal de l'Ourcq et transformée en café flottant. Les petits pourront assister à des spectacles en journée (mimes, marionnettes, théâtre d'ombres...), et les plus grands, à des pièces de théâtre ou des concerts le soir (jazz manouche, rock, reggae, blues, funk, soirées d'improvisation et DJ sets).

Face au 55, quai de Seine, 75019 • M° Riquet • Billetterie : ☎ 01 42 03 39 07 • www.penicheantipode.fr • Lun.-dim. 12h-2h.

LE 25° EST

Bar ㊺ **Plan E1**

Ce bar convivial est situé au bord de l'eau. Si on aime beaucoup la grande salle intérieure à la déco rouge et industrielle, on craque complètement pour son immense terrasse en mezzanine. Le demi est à 3,50 €. La carte offre aussi plein de cocktails avec et sans alcool (6-9 €), dont un 25 Est composé de gin, citron vert, fraise des bois, triple

sec et champagne (8 €).
10, pl. de la Bataille-de-Stalingrad, 75019 • M° Jaurès ou Stalingrad • ☎ 09 53 27 68 16 • T. l. j. 11h-2h • Happy hour : 15h-19h.

PANAME BREWING COMPANY

Brasserie (46) Plan F1

Les amateurs de bonnes bières se retrouvent dans cet ancien entrepôt réaménagé en brasserie artisanale. On aime son style industriel avec sa grande verrière et ses cinq types de bières maison. Ses deux terrasses, qui donnent directement sur le canal de l'Ourcq, en font un lieu très prisé pour prendre l'apéro, tout en regardant passer les bateaux.
41 bis, quai de la Loire, 75019 • M° Riquet ou Laumière • ☎ 01 40 36 43 55 • www.panamebrewingcompany.com • Lun.-dim. 11h-2h • Bière à la pression : 7-8,50 € • Cocktails : 8-12 €.

LE POINT ÉPHÉMÈRE

Bar et concerts (47) Plan E1

Ce lieu dédié à la création et à la fête accueille des expositions et conférences, mais aussi et surtout des concerts ainsi que des DJ sets récréatifs (ven. et sam. dès 22h). Sorte de cœur palpitant du lieu, pour faire la liaison d'un événement à l'autre, le vaste bar est idéalement posé au bord de l'eau. Bonus des beaux jours, le spot bien nommé « le Top », un toit-terrasse couvert de transats aux premiers rayons du soleil.
200, quai de Valmy, 75010 • ☎ 01 40 34 02 48 • www.pointephemere.org • Restaurant : ☎ 01 40 34 04 06 • Lun-sam 12h30-14h et 19h30-22h30 ; dim. 12h30-15h • Bar : t. l. j. 12h30-3h.

BELLEVILLE ET LE PÈRE-LACHAISE Quartier 16 - p. 100

LA BELLEVILLOISE

Bar (48) Hors plan par F2

Outre un espace d'exposition, une jolie terrasse en été et un bar-restaurant installé sous une vaste serre, cette ancienne manufacture propose des concerts de bonne tenue. Au programme, musiques du monde et chanson, rock et fanfare.
19-21, rue Boyer, 75020 • M° Gambetta ou Ménilmontant • ☎ 01 46 36 07 07 • www.labellevilloise.com • Mer.-jeu. 19h-1h, ven.-sam. 19h-2h • Dim. brunch + concert jazz (29 €) 11h30-16h • Bal à partir de 18h (selon programmation).

LA MAROQUINERIE

Terrasse et concerts (49) Hors plan par F2

La Maroquinerie est une salle de concerts de 500 places avec une programmation de musiques actuelles très variée. C'est aussi un club et un bar-restaurant qui se transforme au besoin en lieu

Le 25e Est

d'exposition. Sa terrasse dans la verdure permet de terminer la soirée agréablement.
23, rue Boyer, 75020 • M° Gambetta ou Ménilmontant • ☎ 01 40 33 35 05 • www.lamaroquinerie.fr • Bar : t. l. j. 18h-2h • Restaurant : t. l. j. 18h30-23h ; f. j.f. et en août.

LE MAMA SHELTER

Bar et club (50) **Hors plan par F3**

C'est la locomotive de l'Est parisien branché. Juste en face de La Flèche d'Or, l'hôtel au design signé Philippe Starck n'en finit plus d'attirer les noctambules. Aux étages, les chambres et une belle terrasse panoramique. Au rez-de-chaussée, le resto et les bars. Au choix : au Chic Chic Bar, tranquille, ou à l'Island Bar, long comptoir en verre qui encadre les faiseurs de divins breuvages... (de 10 à 14 €).
109, rue de Bagnolet, 75020 • M° Gambetta ou Maraîchers • ☎ 01 43 48 45 45 • www.mamashelter.com • **Bar** : t. l. j. 12h-1h30 • **Restaurant** : t. l. j. 12h-15h et 19h-minuit (sauf dim. soir) • Pizzeria : t. l. j. 12h-minuit (16h-30-1h30 dim.) • Brunch : dim. 12h30-16h30.

LA COMMUNE

Cocktails (51) **Plan F2**

Son nom fait bien entendu référence à la révolte de 1871, qui vit les quartiers populaires de l'Est parisien se soulever. Si on aime tant ce bar à cocktails hyper-festif au décor exotico-indus, c'est pour son punch : traditionnellement élaboré avec du rhum, il est ici décliné au cognac, à l'absinthe, au calvados... et servi dans de jolis bols.
80, boulevard de Belleville, 75020 • M° Couronnes • ☎ 01 42 55 57 61 • http//syndicatcocktailclub.com • T. l. j. 18h-2h, sam. 15h30-2h, dim. 15h30-22h • Punchs à 11 €.

CopperBay

CAFÉ CHÉRI

Bar ⑤② Plan F2

C'est un bar de quartier à l'ambiance conviviale et décontractée, où on aime se retrouver en fin de journée autour d'une mousse. Les néons rouges donnent son âme au lieu.
On y vient aussi nombreux pour danser sur sa programmation musicale électro, funk, hip-hop ou indie-dance. En été, la belle terrasse est très prisée.
44, bd de la Villette, 75019 • M° Belleville • ☎ 09 53 05 93 36 • Lun.-sam. 17h-2h, dim. 14h-2h. • Happy hour jeu. 17h-22h.

OBERKAMPF ET LE CANAL SAINT-MARTIN

Quartier 17 - p. 104

LE LAVOMATIC

Speakeasy ⑤③ Plan E3

Au fond d'une (vraie) laverie, poussez la petite porte blanche entre deux machines et vous accéderez au bar caché au 1er étage. On aime la décoration pop et originale faite de tapis colorés, de balançoires en guise de chaise... aussi bien que les boissons : bière artisanale, vin (5,50 € le verre, à partir de 24 € la bouteille), cocktails parfumés (à partir de 9 €). Pour accompagner le tout, des petits plats réalisés sur place variant au fil des saisons et du marché.
30, rue René-Boulanger, 75010 • M° République • www.lavomatic.paris • Mar.-mer. 18h-1h, jeu.-sam. 18h-2h.

COPPERBAY

Cocktails ⑤④ Plan E2

Il y a la plage de sable du sous-sol qui séduit les amateurs d'insolite (ouverte surtout le week-end). Il y a les recettes bien balancées qui font la part belle aux saveurs surprenantes, avec notamment des propositions tirant sur le salé, qui émoustillent les spécialistes du cocktail. Mais ce qui nous emballe par-dessus, tout c'est la possibilité de déguster les alcools de la Distillerie de Paris, située à deux rues de là, notamment

dans de flamboyants gin-tonics.
5, rue Bouchardon, 75010
• M° Strasbourg-Saint-Denis
• www.copperbay.fr • Mar.-sam. 18h-2h.

GRAVITY BAR

Cocktails ⑤⑤ Plan E2

Le nom du bar tient sans doute aux lattes de bois en forme de vagues qui surplombent la salle et se jettent en cascade derrière le comptoir en béton massif. Des cocktails ultra-originaux et des assiettes gourmandes à partager attirent une clientèle branchée.
44, rue des Vinaigriers, 75010
• M° Château-d'Eau
• ☎ 06 98 54 92 49 • Mar.-sam. 19h-2h
• Cocktails : à partir de 12 €.

Gravity Bar

CHEZ PRUNE

Bar de quartier ⑤⑥ Plan E2

L'antre bobo du quartier, c'est ici. Comptoir en zinc cuivré, sol carrelé multicolore, murs jaunes, etc. Bourgeois bohèmes donc, mais aussi Parisiens artys et autres trentenaires et quadras qui peuplent le quartier se retrouvent Chez Prune à toute heure, du petit noir du matin à la caïpirinha de la nuit. Terrasse de poche sur le trottoir, prise d'assaut dès les premiers rayons de soleil, naturellement.
36, rue Beaurepaire, 75010
• M° Jacques-Bonsergent
• ☎ 01 42 41 30 47 • T. l. j. 8h-2h
(10h dim.) • Plat du jour : 13-15 €.

CAFÉ A

Biergarten ⑤⑦ Plan E2

Jurez d'abord que vous ne refilerez pas le plan à tous vos amis ! Dans l'ancien couvent des Récollets se cache une incroyable cour paradisiaque où l'on trouve tout : des chaises longues, de la bière hollandaise à la pression (4 €), des cocktails (10 € env.), de la grignote... La seule absente est l'agitation urbaine, qu'on laisse volontiers à la porte de cette annexe de la Maison de l'architecture. Le lieu garde un vrai cachet même après le passage à l'heure d'hiver.
148, rue du Faubourg-Saint-Martin,
75010 • M° Gare-de-l'Est
• ☎ 09 81 29 83 38

Le Syndicat

• www.cafea.fr • Dim-lun. 10h-17h, mar.-sam. 10h-2h, (t. l. j. 9h-1h en été).

LA BONNE EXCUSE !

Bar ⑤⑧ Plan F3

Le bar est estampillé bar à cocktails, et c'est vrai qu'il assure du côté des mojitos (8 €), *old fashioned* (10 €) et trouvailles maison. Pour autant, nous ne voudrions pas vous laisser imaginer un endroit sage et feutré. L'ambiance est plutôt du genre à monter au fil de la soirée, entre blind-tests, scène ouverte et diffusion de matchs jusqu'à ce que la piste de danse s'ouvre spontanément.

61, rue Jean-Pierre-Timbaud, 75011 • M° Parmentier • ☎ 01 58 30 85 32 • T. l. j. 18h-2h.

LE SYNDICAT

Cocktails ⑤⑨ Plan E2

Les soirées à la tequila et les dégustations de scotch manquent de patriotisme. Le Syndicat entend défendre les intérêts des alcools français négligés. Vin d'Arbois du Jura, armagnac, eau-de-vie de poire, noyau de Poissy...
Le « St Denis Skyline » est plein de ressources, servi par trois pour 20 € ; tout comme le Rap's Berry (13 €), à base d'eau-de-vie de framboise, sirop de melon, citron frais pressé, bénédictine et menthe fraîche. On adhère à ce Syndicat bien planqué derrière un mur d'affiches (si vous hésitez à entrer, c'est que vous êtes au bon endroit).

51, rue du Faubourg-Saint-Denis, 75010 • M° Château-d'Eau • ☎ 06 66 63 57 60 • www.syndicatcocktailclub.com • Lun.-sam. 18h-2h, dim. 19h-2h.

BARANAAN

Speakeasy ⑥⓪ Plan E2

Spot branché pour ce bar du quartier de la porte Saint-Martin situé derrière une entrée plutôt discrète. Le lieu est une invitation à s'évader en dégustant des cocktails réalisés à base d'alcools indiens et français, mais aussi des bières maison. Pour accompagner votre boisson, des naans, ces fameux pains indiens, ainsi que des brochettes de tapas indiennes.

7, rue du Faubourg-Saint-Martin,

75010 • M° Strasbourg-Saint-Denis • ☎ 01 40 38 97 57 • www.baranaan.com • Mar.-jeu. 18h30-1h, ven.-sam. 18h30-2h.

PALISSADE

Bar ⑥① **Plan F2**

Son nom est un clin d'œil au petit jardin - *palisadnik* en russe - où l'on reçoit ses amis et voisins pour un verre. Dans ce bar très melting-pot, on se sent comme à la maison. Prenez une assiette « apéro » : poulpes aux olives, gouda à la truffe... et un El Verde, cocktail au mezcal, citron, jus d'ananas frais, coriandre, et cocktail de piment maison (12 €).

36, rue de Sambre-et-Meuse, 75010 • M° Colonel-Fabien ou Belleville • ☎ 01 83 56 18 46 • www.palissade.biz • Mar.-sam. 9h-2h, dim 10h-16h.

CHEZ JEANNETTE

Bar ⑥② **Plan E2**

Dans ce rade de quartier, on vient de loin pour retrouver la jeunesse branchée des alentours.
On se déplace, maintenant, même de la rive gauche pour retrouver cette ambiance old school et fashion.
Au comptoir, le café est à 1 €, la pression de 3 à 5 €. En soirée, la foule déborde sur les trottoirs et crée une jolie cacophonie avec les autres bars du quartier (le Mauri 7, en face, par exemple). Un lieu sympa et branché !

47, rue du Faubourg-Saint-Denis, 75010 • M° Strasbourg-Saint-Denis • ☎ 01 47 70 30 89 • Lun.-sam. 8h-2h, dim. 9h-2h.

BASTILLE ET LE FAUBOURG SAINT-ANTOINE

Quartier 18 - p. 106

L'INCOGNITO

Bar ⑥③ **Plan F4**

Large sélection dans cette ancienne épicerie familiale reconvertie par Walid en un charmant comptoir à bières (2,50-14 €) qui ne crache pas non plus sur un bon vin naturel ou un whisky de compétition. Sur les étagères, des bouteilles venues de Belgique, bien entendu, mais aussi des États-Unis, de Corse, d'Italie, d'Allemagne, d'Angleterre... Une sélection resserrée attend au frais dans le frigo de l'étage. Un tour par la caisse, le choix d'un verre et la bière artisanale peut être consommée sur l'une des tables de l'échoppe ou, en soirée, dans l'espace bar attenant.

71, rue de Charonne, 75011 • M° Ledru-Rollin ou Charonne • ☎ 09 82 52 57 08 • T. l. j. 16h-minuit (2h ven.-sam.).

SUPERSONIC

Club rock ⑥④ **Plan F4**

On aime beaucoup cet endroit caché derrière une belle façade

Petit Bain

classée. Dans un décor façon loft new-yorkais, l'établissement présente un vaste espace au rez-de-chaussée et un *food truck* à l'étage. Au menu, apéros lounge *(bière : 5 €, long drink : 7-9 €)*, concerts (rock, folk, pop, électro) et sets de DJ de bonne tenue sur lesquels on se déhanche bien volontiers... Public éclectique.

9, rue Biscornet, 75012
• M° Bastille
• ☎ 01 46 28 12 90
• www.supersonic-club.fr
• T. l. j. 18h30-2h (6h ven.-sam.)
• Happy hours lun.-sam. 18h30-20h.
• Accès libre.

BLUEBIRD

Bar à gins ⑥⑤ **Plan F4**

Amateurs de gin, ce bar à l'ambiance feutrée, très fifties californienne chic, est pour vous. Vous serez surpris par le mélange entre bar d'hôtel cosy et arrière-salle d'un resto chinois. Buvez-y un negroni, cocktail italien à base de gin auquel on ajoute bitter, vermouth rouge et liqueur de thym.

12, rue Saint-Bernard, 75011
• M° Faidherbe-Chaligny
• Lun.-dim. 18h-3h
• Cocktails : 9-15 €.

DE LA BNF À BERCY Quartier 19 - p. 110

PETIT BAIN

Club et concerts ⑥⑥ **Hors plan par F5**

Ovni salutaire que cet espace flottant protéiforme qui engage des personnes jusqu'alors éloignées de l'emploi. Sous la coque, la Seine ; sur le toit, des arbres et des baignoires de plantes. Ici on mange, boit, échange, assiste à des concerts. Électro, blues, rock, world... à chaque date sa tendance. Un dimanche après-midi par mois, c'est le club jeune public, interdit aux plus de 13 ans.

Notre top des ROOFTOPS BARS

La basilique du Sacré-Cœur, la Tour Eiffel, Notre-Dame, les Invalides... ; la ville regorge de bâtiments identifiables de loin. Amusez-vous à retracer vos pérégrinations en prenant de la hauteur. Voici nos conseils pour déguster de superbes couchers de soleil sur Paris depuis les meilleurs bars avec vue.

BAR DU TERRASS'' HÔTEL

Perché sur la Butte, un bel espace panoramique avec la Tour Eiffel en ligne de mire. Dispositif spécial pour les soirées d'hiver. Voir p. 175. **Montmartre.**

LE PERCHOIR MARAIS

Le meilleur spot pour admirer la beauté des toits de Paris (avec la Dame de Fer en arrière-plan !). Voir p. 164. **Le Marais.**

LE BAR À BULLES

Trinquez à l'énergie de la nuit de Pigalle en regardant tourner les ailes du célèbre Moulin Rouge. Voir p. 175. **Montmartre.**

LE SHED

Un refuge d'initiés à l'abri des regards, à quelques pas de l'Opéra et de la magie des passages couverts. Voir p. 171. **Grands Boulevards.**

Le Shed

Ker Beer

7, port de la Gare, 75013 • M° Quai-de-la-Gare • ☎ 01 80 48 49 81 • www.petitbain.org • Restaurant et terrasse : mar.-dim. 18h-minuit (2h ven.-sam.) • Concert : horaires variables selon la programmation.

EL-ALAMEIN

Péniche (67) **Hors plan par F5**

Ambiance jeune et décontractée pour ce lieu festif qui déroule une affiche musicale éclectique : rock, world et chanson...
Port de la Gare, 75013 • M° Quai-de-la-Gare • ☎ 06 88 99 20 58 ou ☎ 06 83 78 10 18 • www.bateauelalamein.com • Ouv. les soirs de concert (entrée : 8-10 €) à partir de 19h • Terrasse accès libre à partir de 17h30.

LA DAME DE CANTON

Club et concerts (68) **Hors plan par F5**

Amarrée sur les quais de Seine, cette superbe jonque chinoise qui a fait plusieurs fois le tour des océans est aujourd'hui un lieu festif. On s'y presse surtout pour ses concerts à la programmation souvent avant-gardiste (show VJ sur écrans géants, soirées jazz manouche électro-swing, nuits DJ électro-tropical, soirées *mash'ups & bootlegs*...).
Port de la Gare, 75013 • M° Quai-de-la-Gare ou BNF • ☎ 01 53 61 08 49 • www.damedecanton.com • Bar : mar.-sam. 19h-minuit • Concerts : 20h30-23h • Entrée payante selon programmation.

DE MONTPARNASSE À DENFERT-ROCHEREAU

Quartier 20 - p. 114

L'EXPRESS 14

Bar ⑥⑨ Plan C5

Sa devanture vert fluo avec ses hublots et ses figurines dansantes attirera forcément votre regard et vous donnera le ton de ce lieu atypique. C'est une institution dans le quartier, tenue depuis plus de 30 ans par Juliette, qui vous sert sa prune avec toujours autant de sympathie.

73, rue Daguerre, 75014 • M° Denfert-Rochereau • ☎ 01 43 35 45 39 • Mar.-sam. 18h-2h.

VOIR AUSSI :

KER BEER

p. 116 ⑦⓪ Plan par C5

VERSAILLES Quartier 22 - p. 120

L'ÉQUILIBRE

Bar à vins ⑦① Plan visite p. 120

Sympathique et authentique bar à vins qui vous accueille pour partager un moment de convivialité autour d'une planche de charcuterie ou de fromage, voire de quelques tapas. Vous pourrez l'accompagner d'un verre de vin parmi un large choix de cépages d'ici et d'ailleurs.

8, rue des Deux-Portes, 78000 • Gare : Versailles-Rive-Droite
• ☎ 01 39 49 42 68
• http://equilibre-bar.com
• Mar.-mer. 17h-minuit, jeu.-ven. 17h-1h, sam. 14h-1h, dim. 17h-23h.

Boutiques

PAR QUARTIER

À SAVOIR

HORAIRES D'OUVERTURE

Magasins et autres petites boutiques ouvrent généralement de 9h30-10h à 19h. Il existe des nocturnes dans les grands magasins, qui ouvrent aussi tous les dimanches. Les supermarchés ne ferment qu'à 21h, voire 22h. De nombreuses épiceries de quartier ouvrent de bonne heure et n'éteignent leurs lumières que vers 23h ou minuit.

Pour un shopping dominical : direction le **quartier du Marais** (plan E3-4), les **Abbesses** (D1), les **Champs-Élysées** (plan A1/B1-2), **Bercy Village** (hors plan par F5) ainsi que le **Carrousel du Louvre** (plan C3).

OÙ FAIRE SON SHOPPING ?

Pour un shopping luxe, filer **rue du Faubourg-Saint-Honoré,** dans les **grands magasins** (Galeries Lafayette, Printemps et Bon Marché) ou sur les **Champs-Élysées.** Vous préférez les créateurs tendance ? Les petites boutiques dans le **quartier du Marais** sont faites pour vous. Si vous aimez l'art, faites un tour dans les galeries de **Saint-Germain-des-Prés.** Pour une ambiance populaire et parisienne, direction les **Halles,** la **rue Montorgueil** et la **rue des Martyrs.**

LES MARCHÉS, PUCES ET BROCANTES

Les passionnés de décoration et d'antiquités se retrouvent au marché aux **puces de Saint-Ouen** *(voir p. 212)*, le plus réputé. Moins connu, le marché aux **puces de Vanves** *(www.pucesdevanves.fr)* est également un paradis pour les chineurs. À découvrir aussi, le petit **village Popincourt,** installé près de la rue Oberkampf (M° Parmentier, plan F1).

SE REPÉRER

Chaque adresse de boutique est associée à une pastille rouge numérotée.
Vous retrouverez toutes les adresses positionnées sur le plan détachable.

LES COUPS DE CŒUR de notre auteur

Notre auteure, Céline Fion, a adoré repérer petites adresses cachées et boutiques originales pour tous les goûts. Voici celles auxquelles elle ne peut pas résister, et où chacun trouvera de quoi se faire plaisir...

MERCI

Le concept store par excellence, avec « expositions temporaires » dignes d'un musée de la tendance. Voir p. 194.

LE PIÉTON DE PARIS

Paris a sans cesse des secrets à livrer. J'y trouve les bons conseils de lecture pour approfondir mes connaissances. Voir p. 198.

Merci

Make my Lemonade

MAKE MY LEMONADE

La boutique idéale pour rêver que je vais me coudre moi-même toute une garde-robe. Un jour viendra ! Voir p. 206.

MARCHÉ AUX FLEURS ET AUX OISEAUX

Je fais souvent de petits détours pour me balader dans ces allées historiques et fleuries. Voir p. 199.

LES PARISETTES

La bonne adresse pour trouver le souvenir super parisien, sans pour autant verser dans le *made in China*. Voir p. 211.

MIMILAMOUR

Le bijoutier parfait pour se dire « je t'aime » ou offrir du *love* aux amies. Voir p. 205.

Mimilamour

LE LOUVRE, LES TUILERIES ET LE PALAIS-ROYAL

Quartier 1 - p. 24

107RIVOLI, LA BOUTIQUE

Cadeaux ① **Plan C3**

La boutique du musée des Arts décoratifs propose des rééditions et présente le travail de créateurs contemporains. La sélection de bijoux est très importante et met en avant la recherche de matière. Dans la partie décoration et arts de la table, on trouve tout ce qui est nouveau avec, chaque mois, la mise en valeur d'un designer ou d'une thématique.

107, rue de Rivoli, 75001
• M° Palais-Royal ou Pyramides
• ☎ 01 42 60 64 94 (boutique) ou 01 42 60 64 95 (librairie)
• www.boutique.madparis.fr
• Mar.-dim. 11h-18h30 (jeu. 21h lors des expos temporaires).

JOVOY

Parfumerie ② **Plan C3**

Un écrin de la parfumerie où se cachent plus de 85 parfums rares

59 We Art From Paris

Agenda mode et design

- Mars : Salon du vintage (www.salonduvintage.com).
- Avril : Puces du Design (www.pucesdudesign.com).
- Sept. : Paris Design Week (www.maison-objet.com).
- Mai-juil. et sept.-oct. : Paris Fashion Week.

et atypiques ainsi qu'une large sélection de bougies aux senteurs raffinées. Des maisons chargées d'histoire telles que L.T. Piver, la plus ancienne maison de parfums française, côtoient des fragrances plus actuelles, comme celles du designer japonais Masaki Matsushima.

4, rue de Castiglione, 75001 • M° Concorde ou Tuileries • ☎ 01 40 20 06 19 • www.jovoyparis.com • Lun.-sam. 11h-19h.

DIDIER LUDOT

Dépôt-vente de luxe ③ Plan D3

Ce dépôt-vente de luxe est devenu une véritable institution de la mode vintage haute couture qui affole toutes les fashionistas. Les stars elles-mêmes, comme Kim Kardashian ou Julia Roberts, y font leur shopping lorsqu'elles viennent à Paris pour y trouver des pièces rares de grands couturiers à prix intéressants.

24, galerie Montpensier - jardin du Palais-Royal, 75001 • M° Palais-Royal - Musée-du-Louvre • ☎ 01 42 96 06 56 • www.didierludot.fr • Lun.-sam. 11h-18h30.

DES HALLES AU CENTRE POMPIDOU Quartier 2 - p. 30

WE ART FROM PARIS

Concept store ④ Plan D3

Direct à la source. Le coworking créatif We Art From Paris a ouvert son concept store permanent, complété par des pop-us le week-end. Les créateurs de cet espace d'émulation y présentent vêtements, accessoires déco, papeterie, parfums ou encore bijoux. Parfait pour soutenir de jeunes marques et découvrir des tendances avant tout le monde !

69, rue Saint-Martin, 75004 • M° Hôtel-de-Ville ou Châtelet • weartfromparis.com • Lun.-ven. 9h-20h, sam.-dim. 11h-19h.

SEPT CINQ

Mode femme ⑤ Plan D3

Vous trouverez ici le meilleur des créateurs parisiens, avec une jolie sélection d'articles *lifestyle* tendance (snood Meilleur Ami, sacs Tammy & Benjamin...). Le plus ? Un espace salon de thé pour une pause gourmande dans votre journée shopping, voire un brunch le dimanche *(23 €, 2 services 11h et 13h15,*

Merci

réservation conseillée).
26, rue Berger, 75001
• M° Les Halles ou Châtelet
• ☎ 09 83 00 44 01
• www.sept-cinq.com
• Lun.-sam. 11h-19h30, dim. 13h-19h.

INDIRA DE PARIS

Mode ⑥ **Plan E3**

La spécialité de la marque ? Les turbans, *headbands* et autres bonnets flexibles (dès 35 €). Motifs chatoyants ou versions plus sages en matières nobles ; tous les accessoires de tête son *made in France* et les bons conseils en boutique permettent à toutes d'apprendre à booster ses tenues avec cette touche originale.
96 bis, rue Beaubourg, 75003
• M° Arts-et-Métiers
• ☎ 09 81 02 43 41 • indiradeparis.com
• Lun.-sam. 11h-19h.

LE PIGEON-COQ

Do it yourself ⑦ **Plan D3**

Élégant sac seau, pochette cloutée, ceinture ou porte-passeport, tout est imaginé par un créateur hors du commun : vous ! Les modèles ont été pensés par Juliette pour pouvoir être customisés à l'envi, mais aussi pour que chacun puisse s'exprimer sans avoir besoin d'être un pro du DIY. Le résultat est bluffant. Comptez 4 h et 129 € pour un sac, 2 h 30 et 80 € pour un petit accessoire.
6, rue d'Alexandrie, 75002
• ☎ 09 52 46 29 30 • M° Strasbourg-Saint-Denis • www.lepigeoncoq.com
• Horaires en fonction des ateliers.

LE MARAIS ET LA PLACE DES VOSGES Quartier 3 - p. 34

MERCI

Concept store ⑧ **Plan E3**

Le concept store chic du Marais se déploie sur 1 500 m² et trois niveaux. Vaisselle et fleurs au sous-sol, vêtements (Acne, Forte Forte, Swildens, Isabel Marant...) et

accessoires fashion au 1er étage, meubles et arts de la maison au 2e. On le doit à Marie-France Cohen, heureuse créatrice de la marque pour enfants Bonpoint. Beau parquet et vaste espace inondé de lumière par une superbe verrière. Le lieu, diablement tendance, est en plus flanqué d'un café-bibliothèque cosy *(soupes : 9 € ; gâteaux : 7 €)* et d'une agréable cantine où plats du jour *(20-21 €)*, risottos *(16-18 €) et vastes salades du comptoir (12-18 €)* s'affichent à l'ardoise. Enfin, 100 % des bénéfices engrangés par la boutique sont reversés via une fondation à des associations caritatives.
111, bd Beaumarchais, 75003 • M° Sébastien-Froissart • ☎ 01 42 77 00 33 • www.merci-merci.com • Lun.-sam. 10h-19h30 (18h30 fin du service).

FLEUX'

Décoration ⑨ **Plan E3**

Mixez les mots « superflu » et « luxe » et vous obtenez « Fleux' ». Depuis 2005, cette enseigne a su s'imposer comme l'un des temples de l'art de vivre de la capitale. Les obsessions déco de demain y côtoient les accessoires les plus désirés du moment. Art de la table, déco, meubles, luminaires, papeterie, kids, high-tech ; pour découvrir tous les univers, il faut pousser les différentes portes voisines condensées entre le 39 et le 52 de la rue.
39-52, rue Sainte-Croix-de-la-Bretonnerie, 75004 • M° Rambuteau ou Hôtel-de-Ville • ☎ 01 53 00 93 30 • www.fleux.com • Lun.-mar. 11h-20h, mer.-sam. 11h15-20h15, dim. 12h-20h15.

ÉMILE LAFAURIE

Mode homme ⑩ **Plan E4**

Les Parisiens bien dans leurs fringues se bousculent dans cette boutique qui mêle costards chics et chemises classiques côté pile, pantalons plus décontractés, polos à manches longues (60 €) et petits pulls en coton côté face.
11, rue de Birague, 75004 • M° Bastille • ☎ 01 42 77 97 19 • www.emilelafaurie.com • Lun.-jeu. 10h30-14h et 15h-19h30, ven.-sam. 10h30-19h30, dim. 15h-19h.

MAISON LABICHE

Mode ⑪ **Plan E3**

Il suffit d'un seul mot, brodé de rouge à la place du cœur, pour transformer un basique type T-shirt blanc, veste en jean ou marinière en une pièce fétiche de sa garde-robe. Amour, magic, bubble gum, French touch, etc. ; si vous ne trouvez pas le mot rêvé, vous pouvez créer votre pièce personnalisée (70 € le T-shirt femme, prise de rendez-vous possible en ligne en amont).
• 105, rue Vieille-du-Temple, 75003 • M° Rambuteau ou Filles-du-Calvaire • ☎ 01 42 78 63 10 • www.maisonlabiche.com • Lun.-sam. 11h-19h30, dim. 11h-19h.

Nos plus beaux CONCEPT STORES

Les *concept stores* se développent partout dans le monde, et Paris n'y échappe pas, heureusement ! Qu'ils soient solidaires, chic, bobos, *healthy* ou luxueux, ils font partis de nos endroits favoris pour faire du shopping.

À Mon Image

MERCI

L'incontournable ! En plein cœur du Marais, l'adresse offre toutes les possibilités déco. Voir p. 194. **Le Marais.**

BONTON

À quelques pas de Merci, le temple des jolis mômes entre mode, déco et jeux. Voir p. 197. **Le Marais.**

MAKE MY LEMONADE

Une ode au DIY assortie d'une belle sélection de pièces mode et déco déjà assemblées. Voir p. 206. **Le canal Saint-Martin.**

À MON IMAGE

Une « boutique-appart » autour de l'univers de l'homme. Voir p. 202. **Opéra.**

TAMMY & BENJAMIN

Maroquinerie ⑫ **Plan E3**

La marque est jeune (2009), mais l'inspiration, elle, est bien plus ancienne. Tammy Lo et Benjamin Pincemaille ont mis en commun fibre artistique de l'une et talent commercial de l'autre pour créer une gamme de maroquinerie à la fois rétro et minimaliste. On en ressort avec à l'épaule une relecture des boîtes à chapeau ou vanity d'antan (420 €) et des doubles porte-monnaie rétro (95 €).

- **33, rue du Poitou, 75003**
- **M° Filles-du-Calvaire**
- **☎ 01 40 56 05 39**
- **www.tammyandbenjamin.com**
- **T. l. j. 12h-19h30.**

BONTON

Enfant ⑬ **Plan E3**

Après la rue de Grenelle et la rue du Bac, Bonton a pris ses quartiers à côté du concept store Merci (voir p. 194), dans le 3e arrondissement. La griffe des bobos en herbe décline, sur 800 m², toutes les variantes qui ont fait son succès : classique et bazar. Vêtements colorés, mobilier tendance et joujoux, vous trouverez même un salon de coiffure pour enfants et un espace gourmand.

5, bd des Filles-du-Calvaire, 75003

- **M° Filles-du-Calvaire**
- **☎ 01 42 72 34 69**
- **www.bonton.fr**
- **Lun.-sam. 10h-19h.**

SAINT-PAUL ET L'ÎLE SAINT-LOUIS Quartier 4 - p. 40

PARIS RENDEZ-VOUS

Concept store ⑭ **Plan E4**

Impossible de visiter la capitale sans faire un détour par l'élégant concept store de la Ville de Paris, où vous pourrez repartir avec un souvenir 100 % parisien, tels que les voiliers en bois que vous aurez sûrement aperçus au jardin du Luxembourg ou les chaises Fermob sur lesquelles vous avez pu lire au jardin des Tuileries. Vous y trouverez aussi de nombreux articles *made in* France, tels que l'ourson de la capitale.

29, rue de Rivoli, 75004

- **M° Hôtel-de-Ville**
- **☎ 01 42 76 43 43**
- **www.rendezvous.paris.fr**
- **Lun.-sam. 10h-19h.**

CÉCILE ET JEANNE

Accessoires de mode ⑮ **Plan E4**

Un symbole, la colombe, un doux mariage d'argent massif et de laiton, de résine naturelle et de pierres, pour des bijoux tour à tour raffinés ou ethniques, imposants ou à l'esprit « froufrou ». Parmi les valeurs sûres de la maison, les sautoirs

Marché aux fleurs et aux oiseaux

de la collection « Voie lactée » et les colliers et bracelets de la collection « Mille et une nuits », faits d'empreintes digitales. Boucles d'oreilles (à partir de 39 €), colliers (à partir de 59 €).

12, rue des Francs-Bourgeois, 75003
• M° Saint-Paul
• ☎ 01 44 61 00 84
• www.cecilejeanne.com
• T. l. j. 11h-19h.

PETIT PAN

Mode enfant **⑯ Plan E4**

Les vêtements Petit Pan habillent les enfants de la naissance jusqu'à 8 ans. Ils s'inspirent directement des arts populaires chinois du Shandong : des couleurs éclatantes, des motifs floraux pour des robes, des pantalons et des blouses. Dans les vitrines sont exposés des jouets et, accrochés au plafond, des cerfs-volants poissons et dragons.

76, rue François-Miron, 75004
• M° Saint-Paul
• ☎ 01 44 54 90 84
• www.petitpan.com
• T. l. j. 10h30-19h30.

LE PIÉTON DE PARIS

Librairie spécialisée **⑰ Plan E4**

Le thème de cette librairie s'est imposé de lui-même quand sa propriétaire, Frédérique, a contemplé la vue sur la Seine depuis sa boutique. Paris est au centre de cet univers, où les guides touristiques côtoient les promenades littéraires de Modiano ou Breton, l'Esmeralda d'Hugo, les soirées mondaines de

Maupassant et la faune bigarrée de Zola. Très beau coin jeunesse, tout en poésie et pédagogie.
58, rue de l'Hôtel-de-ville, 75004
• M° Saint-Paul
• ☎ 01 53 69 09 16
• Facebook : Librairie Le Piéton de Paris
• Mar.-sam. 11h-14h et 15h-19h.

L'ÎLE DE LA CITÉ ET NOTRE-DAME Quartier 5 - p. 44

MARCHÉ AUX FLEURS ET AUX OISEAUX

Marché **⑱ Plan D4**

À deux pas de Notre-Dame, primevères, rhododendrons et hortensias occupent le sol de l'île de la Cité. Bonne sélection de bonsaïs. Le dimanche, on y découvre des volatiles : canaris, mainates, perruches et oiseaux rares. Si vous êtes avec vos enfants, traversez la Seine. Juste en face, sur le quai de la Mégisserie, se trouvent des animaleries et des boutiques d'aquariophilie (ouv. le dim.).
Pl. Louis-Lépine, 75004
• M° Cité • Fleurs : t. l. j. 9h30-19h • Oiseaux : dim. 8h-19h.

LE QUARTIER LATIN Quartier 6 - p. 48

PARAPLUIES SIMON

Parapluies **⑲ Plan D4**

Le personnel de cette enseigne a d'étranges pouvoirs : il réussirait presque à vous faire adorer les intempéries et guetter la prochaine averse. La spécialité de la maison de famille : le parapluie. Petit, grand, coloré, sobre, siglé, tout y est en version haut de gamme, celle qui ne se retourne pas au premier coup de vent. Les premiers modèles commencent dès 30 €. Les Simon se chargent également des réparations.
56, bd Saint-Michel, 75006
• M° Cluny-La Sorbonne
• ☎ 01 43 54 12 04
• www.parapluies-simon.com
• Lun.-sam. 10h-19h.

LE LUXEMBOURG ET SAINT-GERMAIN-DES-PRÉS Quartier 8 - p. 60

LE MOUTON À CINQ PATTES

Mode **⑳ Plan C4**

Le Mouton à Cinq Pattes est une institution. Ici, on trouve des pièces des dernières collections de couturiers italiens, autrichiens, anglais et allemands vendus à moins du tiers du prix !

Ce sont de belles marques comme Jean Paul Gaultier, Alberta Ferretti, Moschino, Narciso Rodriguez ou les cuirs Pollini.

8, rue Saint-Placide, 75006
- **M° Saint-Placide**
- **☎ 01 45 48 86 26**
- **www.moutonacinqpattesparis.com**
- **Lun.-sam. 10h-19h.**

FREEPERSEPHONE

Beauté et bien-être **㉑ Plan C4**

Le spot idéal pour partager une après-midi détente entre copines. Ce salon de beauté hyper-cosy propose des massages, soins du corps et du visage, manucures et pédicures. Réflexologie plantaire (36 €) ou massage tête-épaules (18 €) confortablement installé dans des gros fauteuils fleuris, en mode papotage. Le plus ? Vous pourrez prolonger le moment par un *teatime*. Sans oublier l'espace boutique où vous trouverez une jolie sélection de parfums, produits cosmétiques et bougies.

66, boulevard Raspail, 75006
- **M° Rennes**
- **☎ 01 42 22 13 04**
- **freepersephone.com**
- **Dim.-mer. 11h-19h, jeu.-sam. 11h-20h.**

BULY

Beauté **㉒ Plan C4**

Quand un couple *trendy* fait revivre les locaux d'un ancien parfumeur vinaigrier du début du XIXe s., cela donne une magnifique « officine universelle ». On y trouve des préparations contemporaines au packaging vintage comme la Pommade virginale visage (40 €), mais aussi des matières brutes réunies dans un « comptoir des secrets » telle la poudre d'Azuki, un gommage antioxydant japonais (30 € les 100 g) ainsi que des accessoires luxueux à l'image des brosses à dents en noyer fabriquées en France.

6, rue Bonaparte, 75006
- **M° Saint-Germain-des-Prés**
- **☎ 01 43 29 02 50**
- **www.buly1803.com**
- **Lun.-sam. 10h30-19h.**

LABOTÉ

Cosmétiques **㉓ Plan E4**

Chaque peau a son histoire et des besoins qui lui sont propres. Cette boutique avec laboratoire intégré permet de repartir avec une routine beauté totalement adaptée, créée par un docteur en pharmacie. Même la texture et la senteur peuvent être personnalisées, en fonction de ses goûts. Les prix sont fixes, quels que soient les actifs : 55 € la crème de nuit, 85 € le sérum, 38 € le nettoyant visage.

11, rue Madame, 75006
- **M° Saint-Sulpice**
- **☎ 01 45 48 97 48**
- **www.labote.com**
- **Lun.-sam. 11h-19h.**

DU MUSÉE D'ORSAY AUX INVALIDES Quartier 9 - p. 66

MAGNA CARTA

Cadeaux ㉔ Plan C4

Slogan de l'enseigne : « Cadeaux choisis pour ceux qui ont déjà tout ». Parmi toutes ces futilités qu'on aime recevoir, on retrouve des portefeuilles Alife Design (14 €), des marque-pages escargot sporo Studio Mercura (19,50 €), des carnets de tous styles, des accessoires Totoro, des bijoux, de la maroquinerie, etc. Tout et plus encore, pour satisfaire hommes, femmes, enfants et ados !

101, rue du Bac, 75007 • M° Sèvres-Babylone ou Rue-du-Bac • ☎ 01 45 48 02 49 • www.magna-carta.fr • Lun.-sam. 11h-19h.

VOIR AUSSI :

LE BON MARCHÉ |

p. 83 Plan C2

L'ARC DE TRIOMPHE ET LES CHAMPS-ÉLYSÉES Quartier 11 - p. 76

GENTLEMEN 1919

Barber shop ㉕ Plan B2

Atmosphère feutrée, mobilier élégant, style rétro… Cette adresse unique en son genre réunit un *barber shop* et un *speakeasy*, c'est LE rendez-vous des *gentlemen* ! Un lieu idéal pour passer un moment de détente tout en prenant soin de ses cheveux et de sa barbe, et en sirotant un bon cocktail.

11, rue Jean-Mermoz, 75008 • M° Franklin-D.-Roosevelt • ☎ 01 42 89 42 59 • www.gentlemen1919.com • Lun. 10h-minuit, mar.-sam. 10h-2h.

DE LA MADELEINE À L'OPÉRA Quartier 12 - p. 80

LAULHÈRE

Accessoires de mode ㉖ Plan C3

Symbole de la culture et de l'art de vivre à la française, cette boutique de tradition artisanale, 100 % *made in* France, remet au goût du jour le béret, désormais accessoire de mode chic et tendance. Véritable béret basque ou béarnais, casquette élégante ou béret féminin, en laine, le tout décliné en plusieurs coloris, il y en a forcément un qui vous ressemble !

14-16, rue du Faubourg-Saint-Honoré, 75008 • M° Concorde ou Madeleine • ☎ 01 42 65 90 59

• www.laulhere-store.com
• Lun.-sam. 11h-19h.

À MON IMAGE

Concept store ㉗ **Plan C2**

Alors que les concept stores girly ont envahi la capitale à coup de bagues et foulards à pois, la résistance s'organise, comme ici, avec une enseigne (presque) 100 % dédiée à l'homme. Maroquinerie, cosmétique, vêtements, meubles, art : tout est concentré (à tous les prix) dans cet espace organisé comme un appartement. Incursion féminine avec les bijoux de la Little Madame du propriétaire des lieux.

22, rue Godot-de-Mauroy, 75009
• M° Havre-Caumartin
• ☎ 01 84 06 92 38
• www.amonimageparis.com
• Lun.-ven. 12h-20h, sam. 11h-19h.

VOIR AUSSI :

LES GRANDS MAGASINS

p. 83 **Plan C2**

LES GRANDS BOULEVARDS ET LES PASSAGES

Quartier 13 - p. 84

MAISON SARAH LAVOINE

Déco ㉘ **Plan D3**

Sarah Lavoine aime le chic. Avant même de pénétrer dans la boutique, on en prend plein les yeux grâce à sa localisation : au cœur de la royale et circulaire place des Victoires. À l'intérieur, on retrouve ce qui a fait le succès de la décoratrice d'intérieur : aplats de couleurs, miroirs ronds, inspirations Art déco, velours douillet, jolis miroirs, mais aussi vaisselle soignée, à découvrir in situ dans le restaurant *Lala Cuisine*.

6, place des Victoires, 75002
• M° Bourse
• ☎ 01 40 13 75 75
• www.maisonsarahlavoine.com
• Lun.-sam. 10h-19h.

APPARTEMENT SÉZANE

Mode femme ㉙ **Plan D2**

La marque de mode lancée par Morgane Sézalory s'est démarquée quand elle a ouvert son *flagship*. Dans L'Appartement, vous pourrez découvrir les produits, les toucher, les essayer et les commander en vue d'une livraison future, mais impossible de les emporter avec vous (à part quelques petits objets déco ou maroquinerie). Exception : au n° 3 se tiennent des ventes solidaires chaque fin de mois (dès le 21, mar.-sam. 11h-20h). Des pièces invendues ou de seconde main y sont commercialisées au profit du programme « Demain » de la marque.

1, rue du Saint-Fiacre, 75002
• M° Grands-Boulevards
• www.sezane.com • Mar.-sam. 11h-20h.

VILLAGE JOUÉCLUB

Jouets ㉚ **Plan D2**

Avec sa coupole en verre coloré datant des années 1930, le passage charmera les plus grands, mais ce sont surtout les enfants qui écarquilleront les yeux dans ce temple du jouet. Avec ses 2 000 m², c'est le plus grand espace consacré au jeu de la capitale. Détenu par l'un des leaders du marché, il garde un aspect magique grâce à son découpage en 12 maisons (Lego, poupées, jeux de plein air, modélisme, etc). Lieu idéal pour trouver des pièces « rares ».

Passage des Princes, 3-5, bd des Italiens, 75002 • M° Richelieu-Drouot • ☎ 01 53 45 41 41 • www.villagejoueclub.paris • Lun.-sam. 10h-20h.

AFWOSH

Cadeaux ㉛ **Plan D2**

Afwosh, c'est le petit nom d'« Afterwork Shop ». Émilie ajoute au sempiternel métro-boulot-dodo une partie plus joyeuse : shopping rigolo. Dans cette boutique à deux pas du boulevard Bonne-Nouvelle, on trouve une foule d'idées-cadeaux modernes, ludiques et colorées pour les copains, les bambins, ou soi-même.

10, rue d'Hauteville, 75010 • M° Bonne-Nouvelle • ☎ 09 52 91 44 80 • www.afwosh.com • Lun.-sam. 11h-20h.

Afwosh

À LA MÈRE DE FAMILLE

Chocolaterie et confiserie ㉜ **Plan D2**

Dans une atmosphère du début du XIXe s., aux boiseries d'ébène et au carrelage blanc et bleu, vous trouverez des chocolats et des confiseries traditionnelles des provinces de France (dragées, sablés, madeleines... 13 € l'écrin de pâte de fruits). Une belle sélection d'alcools régionaux également.

35, rue du Faubourg-Montmartre, 75009 • M° Grands-Boulevards ou Le Peletier • ☎ 01 47 70 83 69 • www.lameredefamille.com • Lun.-sam. 9h30-20h, dim. 10h-19h30.

MONTMARTRE, PIGALLE ET LE SACRÉ-CŒUR

Quartier 14 - p. 90

PAPERDOLLS

Mode ㉝ Plan D1

Enfant, Candy passait son temps à changer les tenues de ses poupées en papier. Adulte, elle a décidé de rassembler une garde-robe pour modèles vivants. Sur les portants de sa boutique-appartement : des pièces pétillantes et un brin rétro dessinées par des créateurs indépendants, beaucoup de petites séries et pas mal de production française.

5, rue Houdon, 75018
• M° Pigalle
• ☎ 01 42 51 29 87
• www.paperdolls.fr
• T. l. j. 11h-19h30.

CHINE MACHINE

Friperie ㉞ Plan D1

Chiner la pièce vintage qui va réveiller sa garde-robe : voilà le nouveau sport de combat des Parisiennes. Ici, chez Chine Machine, on gagne à tous les coups. Selon les jours et les arrivages, on peut y dénicher une paire de boots ou de lunettes vintage, des pulls et des robes sixties, des sous-vêtements furieusement rétro et même des nuisettes en coton (à partir de 3 €). Comme l'endroit fait aussi dépôt-vente, il est également possible de tomber sur des pièces plus actuelles siglées Zara ou Comptoir des Cotonniers. Petit bonus : il y a même un bac réservé aux vêtements d'enfants ainsi qu'une sélection de vieux livres et de vinyles.

100, rue des Martyrs, 75018
• M° Abbesses • ☎ 01 80 50 27 66
• www.chinemachinevintage.com
• Lun.-sam. 12h-20h, dim. 13h-20h
• Heures de rachat : lun.-jeu. 13h-19h.

MARCHÉ SAINT-PIERRE

Mercerie ㉟ Plan D1

Ce grand magasin de tissus est le royaume des couturiers et des bricoleurs. Au rez-de-chaussée, tous les tissus d'habillement, au 1er les lainages et fausses fourrures, au 2e le meilleur rayon soierie de Paris, au 3e des tissus d'ameublement et au 4e le linge de maison, le tout à des prix imbattables ! À côté, le magasin Reine est plutôt spécialisé dans l'ameublement. Enfin, dans les rues avoisinantes, des échoppes ne vendent que du tissu, transformant le quartier en un vaste marché textile.

2, rue Charles-Nodier, 75018
• M° Anvers
• ☎ 01 46 06 92 25
• www.marchesaintpierre.com
• Lun.-ven. 10h-18h30, sam. 10h-19h.

OBERKAMPF ET LE CANAL SAINT-MARTIN

Quartier 17 - p. 104

LA DISTILLERIE DE PARIS

Alcool **36 Plan E2**

Cela faisait un siècle qu'aucun ronronnement d'alambic ne murmurait dans Paris, mais en 2015, les frères Julhès ont fait revivre la tradition spiritueuse de la capitale. Petites productions de vodka (33 €), gin et autre saké (29,90 €) sont ici mis en bouteille. Et les expérimentations vont bon train entre babas parisiens, parfums et eaux-de-vie variées.

60, rue du Faubourg-Saint-Denis, 75010 • M° Château-d'Eau • Pas de tel • www.distilleriedeparis.com • Lun.-sam. 11h30-14h30 et 15h30-19h30.

MIMILAMOUR

Bijoux **38 Plan F2**

Gérard est un orfèvre de la tendresse. Le mantra de sa marque, que l'on retrouve gravé en lettres gothiques sur un collier : « Il faut dire je t'aime ». Cœur XL qui vient s'enrouler sur le doigt (75 €), bracelet « Earth Respect » (80 €) ou boucles d'or ; tout est façonné à la main dans l'atelier parisien. À compléter par les T-shirts et sweats aux doux messages.

30, rue Jacques-Louvel-Tessier, 75010
• M° Goncourt
• ☎ 09 83 72 88 93
• www.mimilamour.com
• Mer., ven. et sam. 11h-19h

NIN & LAURE

Mode **37 Plan E2**

La façade rose bonbon de cette boutique rivalise avec celle de ses voisins Antoine et Lili, au décor tout aussi flashy. Nin & Laure, c'est une mine de vêtements tendance, aux couleurs sympas et aux prix très doux. Côté marques, Vent du Sud ou Les Parisiennes. Côté modèles, de jolies robes, des tuniques bohèmes, des jeans à prix imbattables (39 €) et de jolis tops colorés (autour de 15-25 €). Et parfois, on brade les fins de collections à partir de 10 € seulement. Arrivages quotidiens.

Mimilamour

Outre cette boutique, Nin & Laure compte deux autres adresses, dans les 4e et 9e arrondissements.
71, quai de Valmy, 75010 • M° Jacques-Bonsergent • ☎ 01 42 45 38 80 • Lun.-sam. 10h30-19h30, dim. 11h-19h30.

MAKE MY LEMONADE

Concept store (39) Plan E2

Acheter tout fait ou coudre soi-même ? Les deux, répondent souvent les clients qui puisent des pièces sur les cintres avant de filer dans le coin DIY. Une borne permet d'y faire une simulation de la rencontre d'un patron et d'un tissu avant de repartir avec son précieux coupon. Vente d'objets déco et papeterie, charmant café et ateliers réguliers pour parfaire l'expérience.
61, quai de Valmy • M° Jacques-Bonsergent • www.makemylemonade.com • Lun.-sam. 11h-20h, dim. 11h-19h.

MADE BY MOI

Cadeaux (40) Plan E2

Une boutique joyeuse et harmonieuse où vous trouverez de très jolies idées de cadeaux : des objets tendance qui ne cèdent pas pour autant à l'ultra-fashion, et rigolos voire un brin décalé. Il y en a vraiment pour tous les goûts : pièces mode de jeunes créateurs, sacs, bijoux, petite décoration et papeterie, accessoires...
71, rue du Faubourg-Saint-Martin, 75010 • M° Château-d'Eau • ☎ 09 83 01 30 07 • www.madebymoi.fr • mar.-sam. 10h30-14h30 et 15h30-19h30.

LULU BERLU

Jouets (41) Plan E-F3

Préparez-vous à un incroyable voyage dans le temps, rempli d'émerveillement et d'émotion ! Jem et les hologrammes, Goldorak, les Bisounours, Charlotte aux fraises, Musclor, Tom Sawyer, les Chevaliers du Zodiaque, Albator, mais aussi Casimir, ou GI Joe... vous trouverez des centaines d'articles qui sont autant de clins d'œil à l'enfance. Ils raviront les amateurs de jouets anciens et vintage, et enchanteront les jeunes générations.
2, rue du Grand-Prieuré, 75011 • M° Oberkampf • ☎ 01 43 55 12 52 • www.lulu-berlu.com • Lun.-sam. 11h-19h.

GREEN FACTORY

Décoration végétale (42) Plan E2

Cet atelier végétal crée de magnifiques minijardins sous verre, de véritables œuvres d'art qui changent des traditionnels bouquets et permettent d'amener un petit coin de verdure chez soi, sans que cela demande beaucoup d'entretien.
17, rue Lucien-Sampaix, 75010 • M° Jacques-Bonsergent • ☎ 01 74 64 56 15 • www.greenfactory.fr • Lun.-sam. 10h30-19h30, dim. 10h-18h.

ADRESSE

Mode homme **43 Plan E2**

ADRESSE est une marque de basiques pour hommes conçus pour aborder le quotidien avec style. Chemises, T-shirt (25 €), chinos (75 €), imperméables, etc. Chaque pièce *(made in Europe)* arbore des détails techniques conçus pour optimiser la praticité. C'est aussi un lieu de rencontre avec des pièces coups de cœur comme les sacs Ucon ou les chaussures écoresponsables Tetron.

8, rue Beaurepaire, 75010 • M° République • ☎ 09 84 51 86 12 • www.adresse.paris • Lun.-ven. 11h-19h30, sam. 10h30-19h30, dim. 14h30-19h30.

BAZARTHERAPY

Cadeaux **44 Plan E2**

On y va aussi bien pour l'accueil chaleureux que pour la sélection d'objets et de gadgets insolites et hétéroclites. Une vraie caverne d'Ali Baba ! Le plus ? Les élégantes pochettes-surprises, thématiques ou à confectionner soi-même, qui raviront petits et grands.

15, rue Beaurepaire, 75010

Bazartherapy

Le meilleur DU MADE IN PARIS

La production locale a le vent en poupe. Entre les créateurs qui ont installé leur atelier dans leur boutique et les marques qui ont rapatrié leur production en Île-de-France, vous trouverez de nombreux produits fabriqués complètement ou en grande partie dans la capitale.

SEPT CINQ

Le combo parfait entre une boutique *lifestyle* très parisienne et un salon de thé cosy. Voir p. 193. **Les Halles.**

MIMILAMOUR

Il n'y a que quelques pas entre l'atelier de Gérard Gourdon et la vitrine de la boutique. Voir p. 205. **Oberkampf.**

La Distillerie de Paris

MARCHÉ PARISIEN DE LA CRÉATION

Galerie à ciel ouvert réunissant peintres, céramistes, marqueteurs et autres artisans d'art. Voir p. 211. **Oberkampf.**

LE PIGEON-COQ

Non seulement votre sac sera *made in Paris,* mais en plus il sera *made by yourself.* Voir p. 194. **Les Halles.**

WE ART FROM PARIS

Ici ce n'est pas en direct de l'usine, c'est en direct du coworking adjacent qui réunit des créatifs de la région. Voir p. 193. **Les Halles.**

LA DISTILLERIE DE PARIS

Le whisky japonais ? Has been. Essayez le sake ou le gin parisien. À moins que vous ne soyez plutôt branché baba. Voir p. 205. **Le canal Saint-Martin.**

• M° Jacques-Bonsergent
• ☎ 01 42 40 10 11
• www.bazartherapy.com
• Lun. 12h-19h ; mar.-sam. 10h-19h.

SERGEANT PAPER

Concept store ㊺ **Plan E2**

Un concept store spécialisé dans les arts graphiques avec un mélange subtil d'artistes de street art confirmés (Miss Van), d'illustrateurs prometteurs (Jean Jullien, Thibaud Herem, Marynn) et de nombreux jeunes talents. Vous découvrirez aussi un riche choix de livres d'art, des fanzines en édition limitée, ainsi que de la petite papeterie.

26, rue du Château-d'Eau, 75010
• M° Jacques-Bonsergent
• ☎ 01 83 89 99 55
• www.sergeantpaper.com
• Mar.-sam. 12h-20h, dim. 11h-18h.

BASTILLE ET LE FAUBOURG SAINT-ANTOINE

Quartier 18 - p. 106

WELCOME BIO BAZAR

Concept store ㊻ **Plan F4**

Un concept store d'un genre nouveau qui propose des objets de décoration (La Petite Papeterie Française, Papier Tigre, etc.), des plantes (Mama Petula), des jouets… avec une approche écoresponsable, en privilégiant les produits upcyclés et du commerce équitable. Il y a aussi un café qui donne envie de se poser et de prendre le temps pour faire ses achats.

13, rue Boulle, 75011 • M° Bréguet-Sabin
• ☎ 09 83 07 22 59
• http://welcomebio.fr
• Lun.-sam. 11h-19h30
• Café : lun.-sam. 11h-18h.

LE PETIT SOUK

Concept store ㊼ **Plan F4**

Déco, papeterie, meubles, vêtements pour enfants ou encore mercerie et rangement ; tous les univers se croisent dans cette boutique au décor qui lie le rétro et l'amusant. Les collections éphémères invitent à la créativité des petits et des grands, de la poupée Aimée (39,90 €) aux tatouages éphémères (2,50 €).

14, rue de Charonne, 75011
• M° Ledru-Rollin ou Bastille
• ☎ 01 58 30 36 14
• www.lepetitsouk.fr
• Lun. 12h-19h, mar.-sam. 10h-19h.

MARCHÉ D'ALIGRE

Marché ㊽ **Plan F4**

Pas très loin du quartier branché de la Bastille, la place d'Aligre a conservé son authenticité de marché parisien. Sur la place, le marché Beauveau est une belle halle couverte du XIXe s. qui vaut le détour pour ses pavés à l'ancienne et sa fontaine. Excellent charcutier, exceptionnel fromager et plusieurs stands de fripes.

Pl. d'Aligre, 75012
• M° Ledru-Rollin
• marchedaligre.free.fr
• marché extérieur : sam.-dim. 7h30-14h30
• marché couvert : mar.-sam. 9h-13h, 16h-19h30 ; dim. 9h-13h30.

ARTS FACTORY

Galerie (49) Plan F4

Le *New York Times* a fait de la rue de Charonne un des lieux incontournables de Paris, et en poussant la porte de la galerie Arts Factory, on leur donne raison. Quatre étages pour découvrir ce que la scène graphique a de meilleur : affiches, dessins, sérigraphies mais aussi livres, cartes ou encore disques. Sélection pointue, accueil tout sourire des deux fondateurs Effi Mild et Laurent Zorzin, et, cerise sur le gâteau, des prix qui permettent de craquer sans se ruiner.

27, rue de Charonne, 75011
• M° Ledru-Rollin
• ☎ 06 22 85 35 86
• www.artsfactory.net
• Lun.-sam. 12h30-19h30.

DE MONTPARNASSE À DENFERT-ROCHEREAU

Quartier 20 - p. 114

CHOCOLATITUDES

Chocolaterie

(50) Hors plan par C5

C'est écrit sur la porte : vous en ressortirez toujours un peu plus heureux ! Accueilli par Laurence, ancienne chercheuse en biotechnologies du cacaoyer, vous y découvrirez une variété impressionnante de chocolats bio, éthiques, de grands crus, artisanaux, à emporter ou à déguster sur place autour d'un thé ou d'un café.

57, rue Daguerre, 75014 • M° Denfert-Rochereau • ☎ 01 42 18 49 02 • www.chocolatitudes.com • Mer.-ven. 12h-19h, sam. 11h-19h ; fermé dim. • Tablette : 5-7,50 €.

MARCHÉ PARISIEN DE LA CRÉATION

Marché

(51) Plan C5

Le long du boulevard Edgar-Quinet et entre les rues du Départ et de la Gaîté, 120 artistes professionnels ou amateurs exposent leurs créations. Une bonne occasion de découvrir les tendances actuelles, et pourquoi pas d'acheter, car il est demandé aux participants de pratiquer des prix raisonnables pour ne pas dénaturer ce marché et lui garder son caractère convivial.

Bd Edgar-Quinet, 75014 • M° Edgar-Quinet • www.marchecreation.com • Dim. 10h-19h.

HORS VISITES

LES PARISETTES

Souvenirs

(52) Plan A5

Il faut s'écarter un peu des circuits touristiques, mais si vous souhaitez rapporter un chouette souvenir frappé d'une Tour Eiffel ou d'un autre emblème de la Ville Lumière, vous êtes au bon endroit. Ici, pas de *made in China* dupliqué que l'on retrouve dans toutes les échoppes déprimantes, mais des propositions fun ou design imaginées par de créateurs du cru (bracelet Tour Eiffel 8 €, cabas 10 €).

10, rue Gramme, 75015 Paris • M° Commerce • ☎ 01 75 43 23 65 • Mar.-sam. 11h-18h.

Les puces de Saint-Ouen

Activité adorée du week-end pour les Parisiens : aller « aux puces ». Il suffit de passer le périphérique nord pour pénétrer dans l'univers singulier du marché aux puces de Saint-Ouen. Il existe 15 marchés distincts, qui affichent tous une personnalité différente. On y chine à la fois robe vintage, peinture du XVIIe siècle, mobilier « industriel » et objets de petite brocante.

MARCHÉ VERNAISON

Brocante **53 Hors plan**

C'est ici, en 1920, qu'est né le premier marché organisé et avec lui l'esprit de ce qui deviendra les puces, connues aujourd'hui mondialement. Vernaison rassemble 300 stands sur 9 000 m².

99, rue des Rosiers, 93400 Saint-Ouen • http://marchevernaison.com • Sam.-dim. 9h-18h, lun. 10h-18h.

MARCHÉ PAUL BERT SERPETTE

Mobilier et déco (54) **Hors plan**

Avec ses maisonnettes à ciel ouvert et ses belles mises en scène, c'est l'un des plus mignons. Les cinéphiles reconnaîtront le lieu de tournage de scènes de *Midnight in Paris* de Woody Allen.
96 et 110, rue des Rosiers / 18, rue Paul-Bert, 93400 Saint-Ouen • www.paulbert-serpette.com • Ven. 8h-12h ; sam. 9h-18h ; dim. 10h-18h ; lun. 11h-17h.

Le marché Paul Bert Serpette

MARCHÉ DAUPHINE

Bouquinistes, etc. (55) **Hors plan**

Installé dans une halle inspirée du Pavillon Baltard, c'est l'un des plus grands marchés. Il abrite la parfaite halte pour un déjeuner bistrotier au cœur de l'animation : Les Gastropodes (*☎ 06 63 81 64 86, ven.-lun. 11h-16h*).
132-140, rue des Rosiers, 93400 Saint-Ouen • www.marche-dauphine.com • Ven. 10h-13h ; sam.-dim. 9h-18h ; lun. 10h-18h.

MARCHÉ BIRON

Antiquités (56) **Hors plan**

Paradis pour collectionneurs avertis, réunissant 220 antiquaires et marchands d'art spécialisés dans les objets rares. Il se proclame « plus prestigieux marché d'antiquités au monde ».
85, rue des Rosiers, 93400 Saint-Ouen • www.marchebiron.com • Sam.-lun. 10h-18h.

POUR UNE VISITE RÉUSSIE

Les puces sont accessibles en métro. Sortez à la station Garibaldi (ligne 13) ou Porte-de-Clignancourt (ligne 4). Si vous cherchez un type d'objet particulier, repérez les marchés spécialisés sur le site officiel des puces. Des visites guidées gratuites sont organisées par l'office de tourisme du Grand Paris, le 3e dimanche du mois à 14h30 (résa : www.tourisme-plainecommune-paris.com). Jetez également un coup d'œil aux événements, notamment aux concerts, car les puces sont l'un des plus importants bastions du jazz manouche en France.

ORGANISER son week-end

QUAND PARTIR ?

◗ Toutes les saisons sont bonnes pour visiter Paris, chacune ayant son propre charme. Le climat est plus favorable au printemps, en particulier en **mai-juin.**

◗ En août, la ville se vide de ses habitants et de nombreux établissements sont fermés. Les amateurs de calme apprécieront, mais ceux venus pour profiter de l'animation parisienne en seront pour leurs frais.

COMMENT Y ALLER

◗ **En train,** la SNCF dessert les 7 gares de la capitale (gare de Lyon, gare de Bercy, gare Montparnasse, gare de l'Est, gare du Nord, gare d'Austerlitz, gare Saint-Lazare) et les 3 gares d'Île-de-France (Massy TGV, Marne-la-Vallée-Chessy, aéroport Charles-de-Gaulle TGV).

◗ **En voiture :** une fois sur place, sachez que le trafic est très dense (embouteillages), le stationnement dans la rue payant partout et les parcs de stationnement privés très onéreux. Attention à ne pas emprunter les couloirs de bus et à bien prendre garde aux croisements avec les pistes cyclables.

◗ **En avion :** la plupart des vols domestiques réguliers arrivent à Paris-Orly (quelques uns à Roissy-Charles-de-Gaule, tout de même). Les low cost atterrissent dans les deux aéroports ainsi que sur celui de Paris-Beauvais (comme la compagnie Ryanair).

À SAVOIR

Sans céder à la paranoïa, sachez que les vols sont fréquents dans les transports en commun, où sévissent des pickpockets particulièrement adroits. Gardez toujours un œil sur vos affaires et rangez vos objets de valeur en lieu sûr.

BUDGET

◗ Paris est une destination onéreuse, en particulier pour **l'hébergement.** Les prix s'envolent lors des grands salons et événements mais sont en baisse durant l'été (en particulier en août).

◗ Une fois payé le voyage pour venir à Paris et l'hébergement, compter environ **80 € par jour et par personne** pour les transports, les repas, les musées, les sorties, etc.

SE DÉPLACER

◗ Pour explorer Paris, vous disposez du métro, des bus, des vélos et des taxis ainsi que du bateau (et même des trottinettes !).

◗ Le **métro** est le moyen de transport le plus pratique. On compte **16 lignes** pour 380 stations. Il est ouvert de 5h30 à 0h30 (1h30 ven.-sam.). Télécharger **l'application RATP** pour obtenir le plan des lignes

et des informations en temps réel sur le trafic.
www.ratp.fr.

SE RENSEIGNER

- **Office de tourisme de Paris** : le bureau principal se trouve rue des Pyramides *(29, rue de Rivoli, 75004 • M° Hôtel-de-Ville)*, mais il existe un autre bureau d'accueil à la gare du Nord. Le site Internet est très riche, n'hésitez pas à le consulter : **www.parisinfo.com**

HÉBERGEMENT

- On trouve une large gamme d'hébergements, des **petits hôtels de quartier** aux **palaces.** Toutefois, rares sont les hébergements à moins de 80 € la nuit.
- Comptez de **80 à 150 €** pour une chambre double dans un hôtel confortable. Pour un établissement de charme, il faudra prévoir entre 150 à 250 €, et même plus de 250 € pour un hôtel de luxe.
- Le **petit déjeuner est rarement compris** dans le prix. Compter de 8 à 20 € selon la formule et le standing de l'hôtel.

DANS QUEL QUARTIER LOGER ?

- Pour être **au cœur de Paris,** loger dans les quartiers du Louvre (1er), du Palais-Royal (2e), du Marais (3e et 4e), de Saint-Germain-des-Prés (6e) ou du Quartier Latin (5e).
- Les lecteurs en quête d'**animation nocturne** résideront plutôt du côté de Pigalle (9e), Bastille (11e) ou aux abords du canal Saint-Martin (10e).
- Pour être plus **au calme,** on misera sur Vaugirard (15e) ou les abords de la Tour-Eiffel (7e). Les « villages » de Montmartre (18e) ou de la Butte-aux-Cailles (13e) sont également très agréables.

COMBIEN ÇA COÛTE ?

Un ticket de métro : 1,90 €
Un café : env. 2,50 €
Un petit-déjeuner : 5-12 €
Un sandwich : 4,50-8 €
Un demi de bière : env. 3,50 €
Une nuit à l'hôtel : à partir de 80 €
Une place de théâtre : 10-30 €

OUVERT OU FERMÉ ?

- Les **musées municipaux** sont fermés le lundi (MAM, Carnavalet, etc.) alors que les **musées nationaux** sont généralement fermés le mardi (Centre Pompidou, Louvre), à l'exception des musées d'Orsay, Picasso (f. le lun.) et du Quai Branly (ouv. t. l. j.).
- Les **boutiques** sont ouvertes lun.-sam. de 10h à 19h (voire 20h).
- Les **supermarchés** sont ouverts tous les jours (certains ferment le dim ap-m.) de 9h (voire 8h) à 21h (voire 22h).
- Le **dimanche,** tout est ouvert dans le Marais, sur les Champs-Élysées ou à Montmartre.

ARRIVER À PARIS

EN AVION

L'aéroport d'**Orly,** situé à 15 km au sud de Paris, est le plus proche de la capitale. Il accueille la majorité des vols domestiques.

Plus de renseignements sur : www.parisaeroport.fr

REJOINDRE PARIS DEPUIS L'AÉROPORT D'ORLY	PRIX	FRÉQUENCES ET DURÉES
Orlyval + RER B Le métro automatique **Orlyval** permet de rejoindre la station RER d'Antony, où on prend le **RER B** pour Paris. Billet combiné au guichet de l'Orlyval, à l'aéroport. www.orlyval.com	12,10 € l'aller simple pour Paris (9,30 € pour Anthony).	L'Orlyval circule t .l .j. de 6h à 23h35, ttes les 5 à 7 min ; le RER B circule de 5h à minuit. Compter 35 min d'Orly à Châtelet (plan D3-4).
Orlybus Bus direct jusqu'à Denfert-Rochereau (hors plan par D5). www.ratp.fr	9,50 € l'aller simple. Paiement Sans Contact possible.	Circule t. l. j. de 6h à 0h30, ttes les 8-15 min. Compter 30 min pour Denfert-Rochereau (hors plan par D5).
Bus Direct (ex-cars Air France) La ligne 1 vous mènera jusqu'à Montparnasse (plan C5), aux Invalides (plan B4), à la place de l'Étoile (plan A2) www.lebusdirect.com	12 € (20 € l'A/R).	Circule t. l. j. de 6h30 à 23h50, ttes les 20 min.
En taxi Plusieurs compagnies : G7, Alpha Taxis, etc.	32 € pour la Rive Gauche, 37 € pour la Rive Droite.	24h/24.
En VTC Nombreuses compagnies : Uber, Le Cab, Bolt, Marcel...	Selon lieu de prise en charge et trafic.	24h/24.

L'aéroport de **Roissy-Charles-de-Gaulle** est situé à 30 km au nord de la ville. C'est l'aéroport principal, principalement consacré aux vols internationaux.
Plus de renseignements sur : www.parisaeroport.fr

REJOINDRE PARIS DEPUIS L'AÉROPORT DE ROISSY-CHARLES-DE-GAULLE	PRIX	FRÉQUENCES ET DURÉES
RER B Il existe 2 gares RER à Roissy, celle du Terminal 1 et celle du Terminal 2. La plupart des vols domestiques arrive au Terminal 2. www.ratp.fr	Trajet aller : 10,30 €.	Circule de 5h à minuit, ttes les 10-20 min. Compter 30 min env. jusqu'à Châtelet (plan D3-4) pour un RER direct, 50 min env. pour un omnibus.
Roissybus Bus direct jusqu'à l'Opéra (11, rue Scribe - plan C2 - M° Opéra). www.ratp.fr	13,70 € l'aller simple. Paiement Sans Contact possible.	Circule de 6h à 0h30 (sens Roissy-Paris) et de 5h15 à 0h30 (sens Paris-Roissy). 1 bus ttes les 15-20 min (30 min le soir). Compter 1h de trajet.
Bus Direct (ex-cars Air France) La ligne 2 rejoint la Tour Eiffel, la place de l'Étoile et la porte Maillot. La ligne 4 dessert la gare de Lyon et la gare Montparnasse. www.lebusdirect.com	18 € (31 € l'A/R).	Circule t. l. j. 5h-23h30, ttes les 30 min. Compter 1h de trajet env. Derniers départs pour l'aéroport : 23h pour la ligne 2 et 21h45 pour la ligne 4.
En taxi Plusieurs compagnies : G7, Alpha Taxis, etc.	53 € pour la Rive Droite, 58 € pour la Rive Gauche.	24h/24.
En VTC Nombreuses compagnies : Uber, Le Cab, Bolt, Marcel...	Selon lieu de prise en charge et trafic.	24h/24;

EN TRAIN

Selon votre région de départ, vous arriverez dans l'une des 7 gares de la capitale (gare de Lyon, gare de Bercy, gare Montparnasse, gare de l'Est, gare du Nord, gare d'Austerlitz, gare Saint-Lazare) ou dans l'une des trois gares d'Île-de-France (Massy TGV, Marne-la-Vallée-Chessy, aéroport Charles-de-Gaulle TGV).

Infos et réservations : ☎ 36 35 (0,40 €/min), t. l. j. 7h-22h, ou www.oui.sncf

EN VOITURE

Pour connaître l'état de la **circulation en Île-de-France : www.sytadin.fr**

Une fois sur place, sachez que **les transports publics sont la solution la plus pratique** pour vos visites.

EN CAR

De nombreuses compagnies de car desservent Paris au départ de la plupart des grandes villes françaises, mais aussi depuis la Belgique ou la Suisse. Les prix démarrent dès 5 € (**Blablabus, FlixBus,** etc.).

Confort variable de l'une à l'autre (taille du siège, prise électrique, wi-fi à bord, etc.). Privilégiez les arrivées dans les gares routières ou arrêts situés dans la ville et non en périphérie.

- **Blablabus :** www.blablacar.fr
- **FlixBus :** www.flixbus.fr

SE DÉPLACER

Pour vous déplacer et explorer Paris, vous disposez du métro, des bus, des vélos et des taxis ainsi que du bateau (et même des trottinettes !). N'hésitez pas à demander les plans de métro, RER et bus disponibles aux guichets des agences RATP, en station. Ils indiquent un maximum d'informations sur les horaires et trajets, en plus de tracer les trajets des lignes.

LE MÉTRO

C'est le moyen de transport le plus rapide et le plus facile à utiliser, grâce à des plans précis et à une signalisation claire ; les quelques 380 stations débouchent rarement à plus de 500 m de l'endroit où l'on

Les applications indispensables

Quelles sont les applis indispensables à télécharger avant de partir en grand week-end à Paris ? **RATP, Vélib'®** et **Uber** pour se déplacer ; **P Mobile** pour payer le stationnement ; **Affluences** pour connaître le temps d'attente sur les sites.

souhaite se rendre. **Seize lignes** numérotées et de nombreuses correspondances, permettant de passer de l'une à l'autre, offrent une véritable toile d'araignée souterraine. Vous pouvez emprunter métro et RER tous les jours de 5h30 ou 6h à 0h30 (dernier départ en tête de ligne), et même jusqu'à 1h30 les vendredis et samedis.

LE BUS

• Si l'on évite les heures de pointe, le bus est idéal pour découvrir la ville. **Il existe 76 lignes régulières (intra-muros)**. Ils circulent tous du lundi au samedi de 7h à 20h30 environ, ou 0h30, selon les lignes. Prenez garde le dimanche et les jours fériés, car certains ne fonctionnent pas ou seulement en service partiel.

• **La nuit, à partir de 0h30 jusqu'à 5h/5h30, les Noctiliens** prennent le relais. Une vingtaine de lignes desservent les points principaux de Paris avec une fréquence de passage d'une demi-heure environ. Les arrêts de bus par lesquels ils passent portent la lettre N suivie du numéro de la ligne. On y accède librement avec les cartes **Paris Visite** et **Mobilis,** sinon il faut compter un ticket par trajet sans correspondance. Les quatre grandes gares parisiennes sont des lieux de correspondance, ainsi que la station Châtelet, qui se trouve au cœur de Paris.

• **Pour voir les principaux monuments, le bus à impériale de l'Open Tour** est parfait. Il circule tous les jours de 9h à 22h en haute saison et de 9h à 18h30 en basse saison, et propose quatre circuits commentés différents.

À condition d'avoir un pass d'un, de deux ou de trois jours que vous pouvez acheter à bord (35, 39 et 43 €), il est possible de monter et de descendre autant de fois que vous le désirez pour visiter à votre rythme. La carte Paris Visite vous fait bénéficier d'un tarif réduit. Comptez entre 10 et 30 min entre chaque passage.

Open Tour : 13, rue Auber, 75009 (plan C2) • M° Opéra • ☎ 01 42 66 56 56 • www.opentourparis.com

LE TRAMWAY

Le réseau de tramway se développe de plus en plus. **10 lignes** desservent Paris et sa banlieue. Parmi elles, les lignes T3a et T3b font le tour de Paris en empruntant les boulevards des Maréchaux de Porte d'Asnières (17e) au Pont du Garigliano (15e). Ils circulent tous entre 5h et 0h30 (1h30 le week-end).

TITRES DE TRANSPORT

Les iconiques billets rectangles en papier cèdent progressivement la place à un **billet rechargeable Navigo Easy.** Vendu 2 €, il doit ensuite être rechargé (1,90 € le trajet, 14,90 € les dix). Chaque voyageur doit avoir le sien.

En attendant leur disparition (fin 2021 en théorie), **les tickets sont valables** sur tout le réseau du métro, du tram et du bus, et coûtent 1,90 € (2 € en vente à bord des bus) à l'unité (le carnet de 10 tickets coûte 16,90 €). Attention, les tickets achetés dans le bus ne sont valables que dans le bus ; pas dans le métro. Les **enfants de 4 à 10 ans** bénéficient du demi-tarif (métro et bus) mais en carnet seulement (8,45 €).

La formule au forfait avec un nombre illimité de voyages est très intéressante. Il s'agit de **Mobilis**, à 7,50 € (zones 1 et 2) ; et de **Paris Visite,** un, deux, trois ou cinq jours (de 12 à 38,35 € plein tarif dans Paris, de 25,25 à 65,80 € plein tarif en banlieue), qui offre en plus une réduction sur l'entrée de certains sites. Pour les moins de 26 ans, il existe un ticket à charger sur le **Pass Navigo Jeunes Week-end** valable la journée (sam., dim. et j. f.), permettant un nombre illimité de voyages (4,10 €, zones 1 à 3).

EN TAXI

Leur lumière est verte quand ils sont libres, et rouge lorsqu'ils sont occupés. Un taxi peut vous refuser si vous êtes à plus de trois personnes, ivre ou accompagné d'un animal (sauf les chiens d'aveugle, qu'il est obligé d'accepter). Une prise en charge de 2,60 € est automatiquement inscrite au compteur en début de course. Il vous sera facturé un supplément minimal de 4 € pour la prise en charge d'une quatrième personne. Sur les plus courtes courses, le tarif minimal est de 7,30 €. Le tarif augmente la nuit, les dimanches et les jours fériés, ainsi que lorsqu'on passe le périphérique. On paie en espèces ou en carte bleue (un terminal bancaire est désormais obligatoire pour tous) et, en général, on laisse un pourboire, sauf si le chauffeur est désagréable.

On peut aussi commander un taxi par téléphone. Surtout la nuit, et encore plus le samedi soir : même si beaucoup de taxis attendent aux stations ou tournent dans les rues, et s'arrêtent quand on leur fait signe... Il est quand même plus rapide d'appeler.

G7 : ☎ 36 07 • www.g7.fr

Alpha-Taxis : ☎ 01 45 85 85 85 • www.alphataxis.fr

EN VTC

Depuis quelques années, les VTC des compagnies **Uber, Le Cab, Bolt** et **Marcel** entre autres, ont envahi les rues de la capitale. Très pratique puisqu'il vient vous chercher exactement là où vous vous trouvez, vous donnant le temps d'attente exact. Attention, pas toujours moins cher que le taxi, en particulier pour les aéroports.

EN VOITURE

Conduire à Paris n'est pas de tout repos, et il est très difficile de s'y garer. Les **parkings souterrains sont chers**. La majorité des horodateurs fonctionne avec une carte bancaire. On peut régler son stationnement sur www.pmobile.paris.fr ou en téléchargeant l'application PayByPhone, un nouveau système de lecture des plaques d'immatriculation.

Se rendre à Versailles depuis Paris

- **En RER C :** billet Paris - Château-de-Versailles-Rive-Gauche zones 1-4.
- **En train SNCF :** arrivée en gare de Versailles-Chantiers depuis Paris-Montparnasse ou en gare de Versailles-Rive-Droite depuis Paris-Saint-Lazare. Pour les horaires et les tarifs : www.transilien.com
- **En car :** Versailles Express propose des transferts vers le château de Versailles depuis la tour Eiffel : www.versaillesexpress.com
- **En voiture :** A13 sortie Versailles-Centre ; stationnement payant.

Office de tourisme • 2 bis, av. de Paris, 78000 Versailles • ☎ 01 39 24 88 88 • www.versailles-tourisme.com

Se rendre au bois de Boulogne

- **En transports en commun :** selon votre destination, plusieurs modes de transport peuvent être recommandés. Pour le jardin d'Acclimatation et la Fondation Vuitton, sortez à la station de métro Sablons (à Neuilly, ligne 1) ; pour le parc de Bagatelle, empruntez le bus 43 ou 93, arrêt Place-de-Bagatelle ; pour le musée Marmottan Monet, sortez à la station La Muette (ligne 9).
- **En voiture :** accès par la porte Maillot ou par le pont de Neuilly. Stationnement gratuit (mais très peu de places).

Si votre véhicule, mal stationné, a été enlevé, contactez la **fourrière**.
• www.teleservices.paris.fr et taper le numéro d'immatriculation.

À VÉLO

Depuis quelques années, la municipalité a beaucoup fait en faveur des cyclistes : voies cyclables en site propre, couloirs aménagés et rues réservées (comme Rivoli) ou les quais de Seine. Surtout, il y a les fameux **Vélib'**®**.** Aujourd'hui, Paris et ses 30 communes limitrophes comptent près de 1 800 stations et 20 000 vélos en circulation, accessibles 24h/24 et 7j/7. Vous pouvez souscrire un abonnement de courte durée de 1 ou 7 jours en achetant en ligne sur le site www.velib-metropole.fr ou en payant directement à la borne de la station. Il existe des pass V-Découverte (1 j., 5 € par Vélib'®) ou V-Séjour (jusqu'à 7 j., 15 € par Vélib'®). Pour un vélo classique, la première demi-heure est gratuite, comptez ensuite 1 €/30 min. Pour l'assistance électrique, c'est 1 € les premières 30 min, + 2 €/30 min ensuite.
Il est possible de souscrire à un forfait sur le site (www.velib-metropole.fr), l'application Vélib'® ou directement aux bornes.
Une caution de 300 à 600 € est demandée.

Adresses et numéros utiles

Police : ☎ 17
Pompiers : ☎ 18
Samu : ☎ 15
SOS Médecins : ☎ 01 44 07 77 77 ou ☎ 01 43 37 51 00
Pharmacie des Halles : 10, bd Sébastopol, 75004 (D3) • M° Châtelet • ☎ 01 42 72 03 23 • T. l. j. 8h-21h
Pharmacie Des Champs-Élysées : 84, av. des Champs-Élysées, 75008 (B2) • M° George-V • ☎ 01 45 62 02 41 • T. l. j. 9h-21h.
Opposition carte bleue : Visa : ☎ 0892 705 705, www.visa.fr • Eurocard/MasterCard : ☎ 0892 705 705 • American Express : ☎ 01 47 77 72 00
Renseignements téléphoniques : Pages Jaunes : ☎ 118 008 (gratuit par SMS)
Objets trouvés : • ☎ 3430 (0,06 €/min) • Service en ligne sur www.prefecturedepolice.interieur.gouv.fr/Demarches/Particulier/Autres-demarches/Le-service-des-objets-trouves

Infos Vélib'® :
• ☎ 01 76 49 12 34 • Lun.-ven. 8h-22h, sam. 9h-22h, dim. 9h-19h.

Tous les vendredis à 21h30, **Paris Rando Vélo** organise un tour gratuit *Paris by Night* au départ de l'Hôtel de Ville : www.parisrandovelo.fr.
Sinon, voici quelques loueurs et agences organisant des tours intéressants :

Paris à vélo, c'est sympa ! :
22, rue Alphonse-Baudin, 75011 (plan E3) • M° Saint-Sébastien - Froissart • ☎ 01 48 87 60 01 • www.parisavelo.fr • T. l. j. 9h30-13h et 14h-17h30 (18h sam.-dim., 1h plus tard en été)

Paris Bike Tour :
13, rue Brantôme, 75003 (plan E3) • M° Rambuteau, • ☎ 01 42 74 22 14 • www.parisbiketour.net • T. l. j. 9h30-18h30.

À ROLLER

Pari Roller organise chaque vendredi soir une rando à roller gratuite dans Paris. Idéal pour découvrir la capitale ! Le parcours change à chaque sortie.
Ts les ven. • Gratuit • Infos sur : www.pari-roller.com

À TROTTINETTE ÉLECTRIQUE

Trois opérateurs de trottinettes en accès libre se partagent le marché parisien : **Dott, Tier** et **Lime**... Ils sont tous liés à une application à télécharger dans son Smartphone. Nombre d'entre eux demandent aux utilisateurs d'être majeurs (voire de posséder un permis de conduire). Niveau tarification, il est souvent question d'un tarif de prise en charge (souvent 1 €) qui offre quelques minutes de déplacement, puis d'un paiement à la minute (aux alentours de 0,15 €). Certaines compagnies demandent d'acheter du crédit à l'avance, d'autres non.
Rappel des règles en vigueur : respectez le code de la route, ne roulez pas sur le trottoir (135 € d'amende), ne montez pas à

Croisières sur la Seine

Vedettes de Paris

Cette compagnie propose de vivre une expérience unique sur la Seine dans un cadre privilégié. Embarquez au pied de la Tour Eiffel pour découvrir la capitale sous un nouveau jour à bord de l'une de leurs vedettes, des bateaux élégants et à taille humaine (maximum 250 passagers). Découvrez également, au ponton d'embarquement, le restaurant Francette et son rooftop. Animée par un guide conférencier, la croisière guidée révèle les secrets de la plus belle ville du monde le temps d'une balade d'une heure sur la Seine. Que vous soyez incollable ou pas sur Paris, le guide fera participer petits et grands.

La croisière du soir, incluant une boisson, propose une ambiance musicale thématique que l'on peut également accompagner d'une dégustation devant Notre-Dame de Paris, le Musée du Louvre, et bien d'autres sites et monuments.

À partir de 18 €. Plus d'informations sur • www.vedettesdeparis.fr • Embarquement au Port de Suffren (plan A4).

plusieurs sur une trottinette et soyez respectueux des autres usagers en abandonnant votre engin. Des zones de stationnement spécifiques devraient être créées par la municipalité.

EN BATEAU

Il faut faire **une balade en Bateau-Mouche,** idéal par beau temps, avec des enfants ou pour dîner aux chandelles, en tête à tête avec les plus beaux monuments de Paris.

Compagnie des Bateaux-Mouches : pont de l'Alma, rive droite, 75008 (plan B3) • M° Alma-Marceau • ☎ 01 42 25 96 10 • www.bateaux-mouches.fr • 14 € la balade (sans déjeuner ou dîner)

Vedettes du Pont-Neuf : île de la Cité, sq. du Vert-Galant, 75001 (plan D4) • M° Cité ou Pont-Neuf • ☎ 01 46 33 98 38 • www.vedettesdupontneuf.com • De 10 à 14 € la balade (sans déjeuner ou dîner)

Bateaux Parisiens : au pied de la tour Eiffel, port de La Bourdonnais (plan A3) • M° Bir-Hakeim • ☎ 0825 01 01 01 (0,15 €/min) • www.bateauxparisiens.com • Dès 15 € la balade (sans déjeuner ou dîner).

Et sur le canal Saint-Martin :

Canauxrama canal Saint-Martin : port de l'Arsenal ou bassin de la Villette (E4) • M° Bastille • ☎ 01 42 39 15 00 (résa obligatoire) • www.canauxrama.com/saint-martin.htm • 18 € la balade.

On peut aussi emprunter un Batobus, qui dessert 9 escales ultratouristiques : tour Eiffel, musée d'Orsay, Saint-Germain, Notre-Dame, Jardin des plantes,

Invalides, Place de la Concorde, Louvre et Hôtel de Ville.

Compagnie des Batobus : quai Branly, port de La Bourdonnais, 75007 (plan A3) • M° Bir-Hakeim • ☎ 0825 05 01 01 • www.batobus.com • avr.-août : t. l. j. 10h-21h30 ttes les 25 min ; sept.-oct. : t. l. j. 10h-19h ttes les 30 min ; nov.-mars. : lun.-jeu. 10h-17h ttes les 30 min, ven.-dim. 10h-19h ttes les 30 min • Forfaits 1 jour : 17 € (enfants : 8 €), 2 jours consécutifs : 19 € (enfants : 10 €).

DORMIR À PARIS

LE PLUS CENTRAL

Le plan des arrondissements est pensé en escargot (spirale). L'arrondissement le plus central, c'est **le 1er (Louvre).** Les **2e (Palais-Royal) et 3e-4e (Marais)** vous feront vous sentir au cœur de Paris.

POUR SORTIR

L'**Est parisien** s'est forgé une réputation festive avec **Bastille (12e et son voisin 11e)** et les abords du **canal Saint-Martin (10e)**. Avec sa multitude de restaurants et de bars, **le 18e (Montmartre**) n'est pas en reste, comme le **9e**, cher aux gourmets, le **Marais (3e-4e)** avec ses adresses branchées et l'estudiantin **Quartier latin (5e-6e).**

POUR ÊTRE AU CALME

Cours silencieuses, ruelles assoupies : des îlots de calme et des airs de village se cachent dans toute la ville ! Vous pouvez miser sur les **bourgeois et résidentiels 16e et 17e arrondissement, ou le familial 15e.**

AU VERT

Pour un peu de nature en ville, misez sur la **proximité avec les grands parcs** (Buttes-Chaumont, jardin du Luxembourg, parc

Paris gratuit

L'accès aux expositions permanentes des musées municipaux de la ville de Paris est toujours gratuit. Le premier dimanche de chaque mois, nombre de musées nationaux, comme le musée d'Orsay, le musée du quai Branly, l'Orangerie ou encore le Centre Pompidou, ouvrent leurs portes gratuitement. Des sites majeurs comme l'Arc de triomphe, la Conciergerie, le Panthéon jouent également le jeu, mais uniquement de novembre à fin mars. Envie de pénétrer gratuitement au Louvre ? Ça se passe le 1er samedi de chaque mois, lors de la nocturne (18h-21h45).

Bons plans, expos en accès libre, activités enfants gratuites : www.parisinfo.com dédie toute une section de son site au « Paris gratuit ».

Montsouris, etc.) ou optez pour une apaisante vue sur la Seine. L'ambiance village et fleurie de la **Butte-aux-Cailles (13e)** pourrait également vous séduire.

TARIFS

Pour les hôtels à prix sympas, comptez entre 80 et 150 € la nuit en moyenne, pour une chambre double. Les hôtels de charme affichent des prix aux alentours de 150 à 250 €, et il ne faut pas espérer payer moins de 250 € pour un hôtel de luxe. Dans les résidences hôtelières, les prix peuvent grandement varier selon votre temps de séjour. Si vous avez des enfants, vous pouvez demander un lit supplémentaire dans une chambre double.
Le **petit déjeuner** n'est pas toujours compris dans le prix de la chambre : comptez de 8 à 20 € suivant l'établissement. Pour éviter les mauvaises surprises, vérifiez que taxes (TVA de 10 %), services et petits déjeuners sont inclus. Et méfiez-vous des petites bouteilles dans le minibar s'il y en a un : elles sont souvent hors de prix.

LES RÉSIDENCES HÔTELIÈRES

À mi-chemin entre un hôtel et un appartement meublé,
les résidences hôtelières sont idéales pour des courts séjours ou des séjours prolongés.
Du studio au quatre-pièces tout équipé, vous bénéficiez de toutes les prestations offertes par les hôtels. Ces résidences sont souvent situées à côté des zones touristiques, ce qui est pratique pour visiter la ville en quelques jours. Les prix peuvent varier de 130 à 1 000 € la nuit.

Citadines Apart'Hotel
• www.citadines.com

LES CHAMBRES D'HÔTES

Un logement agréable à un budget raisonnable à Paris ? Oui, cela existe ! Il y a plusieurs années, Chantal Goldstein a créé l'association **Les Parisiens associés.** Avec l'aide de la mairie et de l'office de tourisme, ils ont œuvré à l'élaboration d'une charte pour mieux accueillir les visiteurs. Aujourd'hui, quelque 300 chambres d'hôtes sont réunies sous le **label Hôtes Qualité Paris.** Contemporaines ou plus classiques, avec ou sans jardin, dans le centre historique ou dans la banlieue verte : compter de 50 à 300 € la double.

RÉSERVATIONS

D'avril à novembre ou au moment d'une grande manifestation, il est indispensable de réserver, par Internet ou par téléphone, puis de confirmer. Sauf en mai, juin, septembre et octobre, vous pouvez essayer de négocier le prix d'une chambre simple pour une chambre de luxe ou d'obtenir une réduction de 30 à 40 %. Résultat non garanti...

À VOIR, À FAIRE

Pour profiter au mieux de votre séjour, **pensez à réserver bien à l'avance** vos spectacles, expos ou restos... surtout si vous venez durant un week-end.
Si vous aimez visiter les musées, privilégiez la semaine et le matin, en général plus calmes, voire les nocturnes. Certains billets sont des coupe-files.

OFFICES DE TOURISME

On y trouve un stock très important d'informations, des guides, des plans, des billets RATP. On peut aussi y faire sa réservation d'hôtel... Le bureau principal se trouve à l'hôtel de ville rue de Rivoli, mais il existe aussi un guichet gare du Nord. Le site Internet est une véritable mine d'or ; n'hésitez pas à le consulter.

Office de tourisme de Paris :
29, rue de Rivoli, 75004
• M° Hôtel-de-Ville
• www.parisinfo.com • Nov.-avr. :
t. l. j. 10h-18h ; f. à Noël.

MUSÉES ET MONUMENTS

• **Horaires et jours d'ouverture :** les musées et les monuments sont le plus souvent ouverts de 10h à 18h, six jours sur sept sauf certains jours fériés. Les plus petits musées ferment à l'heure du déjeuner, mieux vaut se renseigner. Pensez aussi que les caisses des musées ferment 30 min, voire 1h avant l'horaire de fermeture effective. Les **musées nationaux** ferment le mardi (sauf le musée d'Orsay, fermé le lundi). Les **musées de la Ville de Paris** ferment le lundi.

• **Le Paris Museum Pass** fait office de coupe-file et donne libre accès à 50 musées et monuments de Paris et d'Île-de-France. Pour deux jours, il vous en coûtera 52 € ; 66 € pour quatre jours, et 78 € pour six jours. On l'achète aux guichets des musées, des monuments, à l'office de tourisme, aux guichets de la RATP et sur **www.parismuseumpass.com** (prévoir des frais de livraison).

S'INFORMER

Pour savoir ce qui se passe dans la capitale (cinés, théâtres, expos, musées, etc.), achetez l'un ou l'autre de ces deux petits guides hebdomadaires : ***L'Officiel des spectacles*** (www.offi.fr) ou ***Pariscope*** (www.pariscope.fr). Pour les concerts, procurez-vous ***Lylo*** (www.lylo.fr), mensuel gratuit que vous trouverez dans les bars.

VISITES GUIDÉES

Vous pourrez, par exemple, faire le tour de Paris en autocar en quelques heures :

• **Paris-Vision :** 2, rue des Pyramides, 75001 (plan C3), M° Tuileries ou Palais-Royal, ☎ 01 44 55 60 00, www.pariscityvision.com

• **Big Bus Tours Paris :** 11, av. de l'Opéra, 75001 (plan C3), M° Pyramides, ☎ 01 53 95 39 53, www.bigbustours.com

Pour une visite en dehors des sentiers battus :

• Face cachée de Montmartre, coulisse du Luxembourg, street art de Belleville, Paris des Années folles, etc. **Paris ZigZag** multiplie les approches thématiques et les découvertes de classiques avec une bonne dose « d'insolite » ; tarif moyen : 15 € ; www.pariszigzag.fr

• L'association **Paris historique** s'est donné pour mission de sauvegarder et mettre à l'honneur le patrimoine parisien.
Des passionnés vous font aimer chaque pierre de la ville lors de visites conférences captivantes, mais souvent très spécifiques (14 € pour les non-adhérents) ; www.paris-historique.org

• Les éclaireurs de l'**Alternative urbaine** connaissent le quartier qu'ils font visiter comme leur poche. Leur autre spécificité ? Ils ont connu des situations de vie difficile et utilisent ces balades pour se réinsérer professionnellement. Des visites solidaires et alternatives à prix libres, dans des quartiers souvent hors des circuits classiques.
www.alternative-urbaine.com

• Fan du 7e art, inscrivez-vous aux **Ciné balades** qui permettent de déambuler dans les décors de *Minuit à Paris*, de découvrir le Paris de Truffaut ou Varda, le Montmartre du cinéma ou encore de remonter aux origines du cinéma de Méliès à Gaumont (tarif moyen : 14 €). www.cine-balade.com

• Paris a également son réseau de **Greeters,** ces bénévoles qui se transforment en ambassadeurs de leur ville ou de leur quartier afin de les présenter sous leur meilleur jour aux voyageurs curieux.
Faites votre demande de balade gratuite sur : www.greeters.paris

• Enfin, le bar-resto **La Cachette de Paris,** situé derrière la butte Montmartre, organise d'intéressantes visites guidées. Voir p. 149 dans la rubrique « Restos et bistrots ».

Index

CRÉDITS PHOTOGRAPHIQUES

ôme Plon : p. 1 ; p. 2 ; p. 4 (bas) ; p. 5 (bas) ; p 6 (bas) ; © Jean-Jacques Fernier et André o : p. 9 (bas) ; p. 10 (ht) ; p. 11 (ht) ; p. 14 ; p. 15 ; p. 17 (ht) ; p. 21 ; p. 26 ; p. 29 ; © Richard gers et Renzo Piano : p. 32 ; p. 35 ; p. 38 ; p. 45 ; p. 49 (bas) ; p. 54 ; p. 55 ; p. 57 ; p. 58 ; 63 ; p. 64 ; p. 65 ; p. 67 ; p. 72 ; p. 79 ; p. 91 ; p. 92 ; p. 97 ; © Carlos Ott : p. 107 ; p. 108 ; 128 ; p. 137 ; p. 147 ; p. 150 ; p. 154 ; p. 162 ; p. 168 ; p. 173 ; p. 174 ; p. 181 ; p. 189 ; p. 207.

an Verbizh : p. 33, p. 42, p. 51, p. 87, p. 105, p. 112, p. 116, p. 125, p. 134, p. 135, p. 149, p. 155, 160, p. 161, p. 180, p. 186, p. 191, p. 205, p. 212, p. 213.

omain Boutillier : © Richard Rogers et Renzo Piano, p. 7 (milieu), p. 95, p. 102.

atrice Hauser : p. 4 (ht), p. 5 (milieu), p. 6 (ht et milieu), p. 16, p. 23, p. 49 (ht), p. 75, p. 86, . 88, p. 101, p. 139, p. 140, p. 142, p. 152, p. 179, p. 184, p. 190, p. 194, p. 196.

lemis : © Gardel Bertrand : p. 5 (ht) ; © Gardel Bertrand : p. 12 (ht) ; © edpics/ lamyStockPhoto : p. 36 ; © Sonnet Sylvain : p. 43 ; © Gardel Bertrand : p. 198.

Shutterstock : © Alexander Demyanenkop : p. 7 (ht) ; © S-F : p. 7 (bas) ; © Robert Hoetnik : p. 8 ; © EQROY : p. 9 (milieu) ; © Isogood Patrick : p. 11 (milieu), p. 85, p. 172 ; © OlenaPalaguta : p. 13 (bas) ; © KKulikov : p. 17 (bas), p. 121 ; © AWP76 : p. 50 ; © macumazahn : p. 53 ; © Nikonaft : p. 61 ; © Iakov Kalinin : p. 71 ; © Skreidzeleu : p. 77 ; © Stefan Ataman : p. 115 ; © Jose Ignacio Soto : p. 122.

Adobestock : ©Redzen : p. 9 ; ©JM Soedher : p. 11 (bas) ; © Pascale Gueret : p. 12 (bas) ; © Sailorr : p. 25 ; © Claude Coquilleau : p. 41 ; © Horváth Botond : p. 83 ; ©faber121 : p. 98 ;

Isabelle Spanu : p. 189.

Céline Fion : p. 191 (haut).

Tous nos remerciements aux établissements suivants pour leur aide :
Fluctuart © Grégory Brandel, p. 10 (milieu) ; Cake Shop Mandarin Oriental © George Apostolidis, p. 10 (bas) ; L'Appart Gourmand © Julie Limont, p. 13 (haut) ; Le Petit Plateau © Richard Camplan, p. 47 ; Beaupassage © Roberta Valerio, p. 69 ; Maison Plisson © Romain Ricard, p. 81, © JP Baltel p. 126 ; © Musée Fragonard, p. 82 ; Bouillon Pigalle © Benoît Linero, p. 94, p. 130 ; L'Eau et les Rêves © Cyrille Bruneau : p. 99 ; Musée des Arts Forains © Pavillons de Bercy : p. 111 ; © La Fab. Agnès B : p. 113 ; © L'Éclair de Génie, p 127 (ht) ; © Monbleu, p. 127 (bas) ; Yann Couvreur © Laurent Rouvrais, p. 132 ; © Immersion, p. 145 ; Le Bar à Bulles © Simon Lemarchand, p. 161 ; © Sherry Butt, p. 166 ; © Caveau de la Huchette, p. 169 ; Le Syndicat © Aron Farkas, p. 182 ; © Le Shed, p. 185 ; © We Art From Paris, p. 192 ; © Afwosh, p. 203 ; © La Distillerie de Paris, p. 208 ; © LesParisettes, p. 210.

Couverture
Plat 1, visuel principal : © GARDEL Bertrand / hemis.fr (au Rosa Bonheur sur Seine)
Plat 1, visuel bas : © ivantagan / AgeFotostock
Plat 4, haut : © Nightman / Adobestock
Plat 4, bas : © Ivan Verbizh

Dernière édition revue et enrichie par **Céline Fion.**
Éditions antérieures revues et augmentées par **Céline Fion, Isabelle Spanu, Céline Faucon et Nedjma Van Egmond**.
Édition originale établie par **Catherine Synave** et **Betty der Andreassian**.

Direction : Sidonie Chollet.
Direction éditoriale : Cécile Petiau.
Édition : Marine Barbier-Blin, Camille Dupont, Émilie Lézénès, Géraldine Péron, Adam Stambul, Julie Wood.
Suivi éditorial : Jean Tiffon.
Ont également collaboré à cet ouvrage : Joséphine Bonneau et Amélie Vignals.
Cartographie : Frédéric Clémençon et Aurélie Huot.
Fabrication : Liza Sacco.

Conception graphique de la couverture et de la maquette intérieure : Caroline Joubert • www.atelier-du-livre.fr

Contact presse : rmazef@hachette-livre.fr - ☎ 01 43 92 36 66
Contact partenariat et publicité : partenariat-tourisme@hachette-livre.fr

Aussi soigneusement qu'il ait été établi, ce guide n'est pas à l'abri des changements de dernière heure, d'erreurs ou omissions. Ne manquez pas de nous faire part de vos remarques. Informez-nous aussi de vos découvertes personnelles, nous accordons la plus grande importance au courrier de nos lecteurs :
Guides Un Grand Week-end - Hachette Tourisme - 58, rue Jean-Bleuzen 92 170 Vanves
weekend@hachette-livre.fr
• **Facebook** @GuidesUnGrandWeekend • **Instagram** @ungrandweekend
• **Twitter** @ungrandweekenda

Édité par Hachette Livre (58, rue Jean-Bleuzen, CS 70007, 92 178 Vanves Cedex)
Imprimé par Polygraf (Capajevova 44, 08199 Presov, Slovaquie)
Achevé d'imprimer : décembre 2020
ISBN : 978-2-01-710677-7 • 65-4956-8
Dépôt légal : janvier 2021 - Collection n°44 - Édition : 01